MAMYTWINK

FLORIAN HENN, JULIEN AUBRÉE ET FRANÇOIS CALVIER

HISTOIRES DE GUERRE

Michel LAFON

118, avenue Achille-Peretti
CS 70024
92521 Neuilly-sur-Seine Cedex
www.michel-lafon.com

SOMMAIRE

CHAPITRE I

L'AGENT DOUBLE QUI A CHANGÉ LE COURS DE LA SECONDE GUERRE MONDIALE

Juan Pujol Garcia est le plus grand agent double de la Seconde Guerre mondiale. Le 6 juin 1944, jour J, il envoie l'heure et le lieu du débarquement allié aux Allemands. C'est une ruse destinée à duper Adolf Hitler et à précipiter la chute du Troisième Reich.

CONTEXTE HISTORIQUE

—

Février 1943, le vent de la guerre a tourné. L'armée allemande, jusqu'alors entourée d'une aura d'invincibilité, est défaite sur le front de l'Est à Stalingrad. Puis, au printemps 1943, elle doit évacuer l'Afrique du Nord. Le 28 novembre, les dirigeants des trois principaux pays alliés se réunissent pour la première fois à Téhéran : autour de la table, Churchill, Roosevelt et Staline s'accordent sur la suite des opérations. Le chef d'État soviétique, qui souhaite soulager la pression que subit l'armée Rouge, réclame l'ouverture d'un nouveau front depuis plusieurs mois. Les Anglo-Saxons promettent à Staline un débarquement sur les côtes de France en mai 1944. Les « Trois Grands » dessinent les premiers contours de l'opération *Overlord*, qui consiste à créer une solide tête de pont dans la région libérée.

Afin de mener à bien ce débarquement, les Alliés doivent percer le « mur de l'Atlantique », une série de fortifications qui couvre l'intégralité des côtes des pays occupés de l'Europe de l'Ouest. Du nord de la Norvège au sud-ouest de la France, blockhaus, armadas de canons antiaériens, mines, batteries et redoutables mitrailleuses parsèment le front de mer. De plus, des *Panzerdivisionen*, régiments de chars, sont stationnées dans certaines régions côtières comme le Pas-de-Calais. Il faut absolument éviter que ces dernières soient dirigées vers la Normandie, lieu finalement choisi pour l'opération.

Ainsi, en parallèle de l'opération *Overlord*, les services secrets alliés mettent sur pied l'opération *Fortitude*, un plan de désinformation audacieux destiné à persuader les Allemands qu'un débarquement aura lieu dans le Pas-de-Calais. Redoublant d'imagination, les militaires créent le FUSAG, *First United States Army Group*, une force d'invasion fictive. Constituée de chars gonflables en caoutchouc, de canons en bois, navires factices et autres bases militaires en toile et carton, cette gigantesque armée fantôme prend ses quartiers au sud-est de Londres, dans le Kent. Autant de leurres, que les avions de reconnaissance allemands photographient. De plus, ces 150 000 hommes sont sous les ordres directs du général américain Patton, la bête noire d'Adolf Hitler. Les Alliés vont même jusqu'à bombarder les villes du Nord de la France, pour accréditer le projet d'un débarquement dans la région. La crédibilité de la tromperie est ainsi renforcée, au prix de la mort de nombreux civils français.

Pour appuyer la supercherie, les Alliés peuvent également compter sur leur meilleur agent double, Juan Pujol Garcia, nom de code « Alaric » pour l'Abwehr, le service de renseignement de l'armée allemande, « Garbo » pour le MI5, un des services secrets britanniques. Il a depuis plusieurs années acquis la confiance des services de renseignement du Troisième Reich. Le Führer en personne prend connaissance de ses rapports. À l'aube du jour J, le 6 juin 1944, l'espion espagnol va contribuer à tromper les responsables nazis et à précipiter la chute du Troisième Reich.

Nuit du 8 au 9 juin 1944

Un calme plat règne dans l'allée du quartier résidentiel de Hendon dans la banlieue de Londres. Les réverbères sont éteints, les volets des habitations clos, l'obscurité totale… ou presque. Au 35, Crespigny Road, une étrange activité se trame derrière les rideaux de la demeure. Des ombres s'agitent. La bâtisse, typique des quartiers londoniens, ressemble à toutes les autres de la rue. Façade blanche, toit de tuiles rouges, modeste garage, rien ne laisse présager que le destin de la Seconde Guerre mondiale se joue derrière les murs de cette maison banale.

À l'intérieur de la demeure, d'innombrables dossiers, feuillets annotés et photographies jonchent le sol du salon. Sur le buffet s'étale un gigantesque organigramme dont les ramures d'un vaste réseau d'espions recouvrent toute la surface.

Juan Pujol Garcia est un agent de confiance pour les renseignements de l'armée allemande. Il s'agit en réalité d'un agent double au service des Britanniques.

Dans un épais nuage de fumée de tabac, trois hommes s'activent. Le premier, assis à un bureau, actionne frénétiquement les touches de son poste radio. Le second, cigarette à moitié consumée à la bouche, consulte attentivement un document. Ses doigts sont jaunis, presque brûlés par les paquets qu'il enchaîne depuis près de quatre jours. L'air grave, il annonce à son acolyte :

– Pujol, c'est l'heure !

Le troisième homme se retourne. Trentenaire au crâne dégarni et au collier de barbe fourni, il réajuste ses lunettes rondes et se penche sur le message qu'il est en train de composer. Juan Pujol Garcia achève son dernier mensonge. Voilà plusieurs mois que l'homme, qui a voué sa vie à combattre le Troisième Reich, prépare minutieusement les rouages d'un plan voué à tromper l'ennemi et à le faire chuter une bonne fois pour toutes. Fort de la confiance des plus hauts dignitaires nazis qu'il a patiemment acquise, il s'apprête à exécuter son tour final.

À minuit et sept minutes, celui que les Allemands connaissent sous le nom d'Alaric expédie son plus long message.

> « *D'après mes rapports, il est parfaitement clair que l'offensive en cours est une opération de diversion à grande échelle. [...] Je ne donne jamais mon avis personnel, mais j'ai de fortes raisons de justifier mon assurance. [...] Je vous fais confiance pour transmettre ce rapport au haut commandement au plus vite en cette heure cruciale. [...] La présente attaque est un piège de l'ennemi destiné à déplacer toutes nos réserves dans une stratégie précipitée que nous regretterions ultérieurement.* »

Le message d'Alaric est clair, le débarquement en Normandie ne serait qu'un leurre. Le gros des troupes alliées s'apprête à envahir le Pas-de-Calais. Le Troisième Reich doit concentrer toutes ses forces armées au nord, sinon la guerre sera perdue.

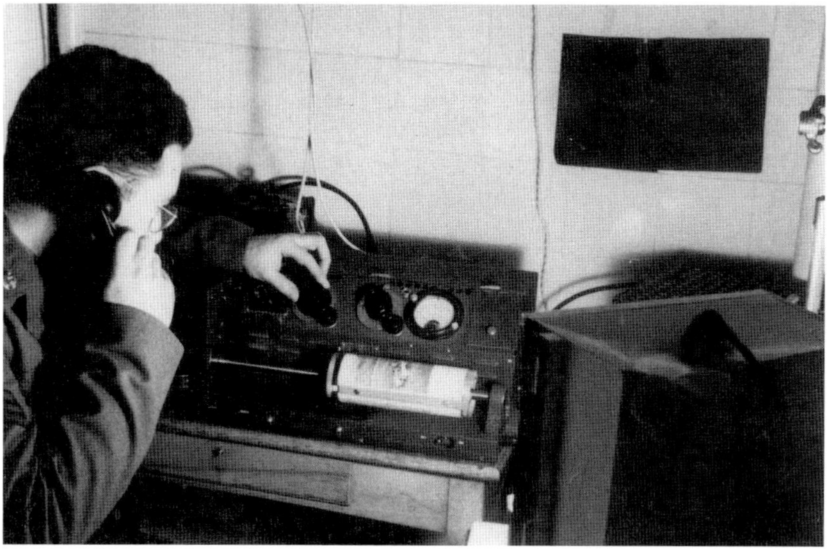

NO ENTRY
ONE WAY STREET

« EN TEMPS DE GUERRE, LA VÉRITÉ EST SI PRÉCIEUSE QU'ELLE DOIT ÊTRE ENTOURÉE D'UN REMPART DE MENSONGES. »

Winston Churchill à Staline, le 30 novembre 1943, dans une discussion sur l'art de tromper l'adversaire.

L'éleveur de poules devenu espion

Juan Pujol Garcia, né à Barcelone en février 1912, est un homme joyeux qui se complaît dans une existence banale et paisible. Lorsque la guerre civile espagnole éclate en juillet 1936, Pujol Garcia est éleveur de poules. L'Espagne s'embrase dans un conflit idéologique qui voit s'affronter deux camps : d'un côté les républicains, soutenus par la gauche, de l'autre les nationalistes de Franco, soutenus par les catholiques et les forces de droite. Ce conflit s'envenime rapidement et met au jour les divisions de l'Europe. La France, de façon non officielle, et l'URSS aident les républicains ainsi que des volontaires de nombreux pays qui ont constitué les Brigades internationales. L'Allemagne nazie et l'Italie fasciste ont, quant à elles, pris parti pour les nationalistes, auxquels elles offrent une aide militaire et tactique.

La situation rattrape rapidement Pujol Garcia et le happe contre sa volonté dans les tourments d'une guerre fratricide. L'homme passe du camp républicain, dans lequel il a été enrôlé, au camp nationaliste, tablant sur le fait qu'il pourra ainsi épargner sa famille. Impuissant, il assiste au déchaînement de violences et aux terribles exactions commises par les deux camps. Pujol Garcia méprise ce conflit qui « déclenche des passions et des haines si éloignées de ses propres idéaux ».

Lorsque la guerre d'Espagne prend fin le 1er avril 1939, Juan Pujol Garcia se réjouit de ne pas avoir eu à tirer un seul coup de feu. Néanmoins, le jeune homme est traumatisé par les atrocités auxquelles il a assisté. À présent, il se jure de combattre toute forme de dictature. Quelques mois plus tard, le 3 septembre 1939, le Royaume-Uni et la France déclarent la guerre à l'Allemagne. La Seconde Guerre mondiale commence.

Le général Francisco Franco prend le pouvoir et impose une dictature à l'issue de la guerre d'Espagne en 1939.

Janvier 1941, Alaric, espion du Reich

Meurtrie et dévastée par plusieurs années de guerre civile, l'Espagne reste neutre dans le conflit mondial. La péninsule ibérique devient alors un véritable nid d'espions où se côtoient agents britanniques et allemands. Admiratif de la résilience du Royaume-Uni face à l'Allemagne nazie toute-puissante, Pujol Garcia souhaite à tout prix jouer son rôle dans le combat contre le nazisme. En janvier 1941, l'Espagnol revêt son plus beau costume et pousse la porte de l'ambassade britannique à Madrid. Avec enthousiasme, il propose de devenir espion pour le compte de Sa Majesté britannique. L'homme est sèchement éconduit. En quoi un ancien éleveur de poules sans aucune compétence pourrait-il être utile à la Couronne britannique ? Pujol Garcia réessaie à deux reprises, mais sans succès. Déçu, il reste néanmoins déterminé. Puisque les Britanniques ne le prennent pas au sérieux, il tente une nouvelle approche. De retour chez lui, il décroche le téléphone et compose le numéro de l'ambassade d'Allemagne. À l'autre bout du fil, un agent à l'accent tranché lui donne rendez-vous le lendemain au café Lion, dans la calle de Alcalá.

En ce mois de février 1941, la clientèle du café madrilène est clairsemée. L'intérieur de l'établissement, l'un des plus vieux de la capitale, est classique : les murs lambrissés de bois et une longue banquette épousent le pourtour intérieur des lieux. Tout au fond de l'établissement, un homme attend, seul à une table. L'individu, aux yeux bleus et vêtu d'un costume clair, a posé son imperméable sur le dos de sa chaise. Après de brèves salutations, Friedrich Knappe-Ratey, l'agent allemand qui se présente sous le pseudonyme de Federico, invite Pujol Garcia à décliner son identité. Bien décidé à ne pas subir un second échec, l'ingénieux espagnol sort le grand jeu : il se décrit comme un fonctionnaire zélé au service de l'État franquiste et propose d'utiliser son cercle de relations diplomatiques pour obtenir des informations confidentielles. Il insiste sur sa dévotion envers la cause nazie et le Führer. Federico avale les mensonges de l'Espagnol et lui fixe un deuxième rendez-vous.

Quelques mois plus tard, la terrasse d'un autre café de la capitale est le théâtre d'une seconde rencontre. Pujol Garcia peine à cacher son excitation. Discrètement, le petit homme glisse un dossier sur la table. L'agent allemand s'en empare et le consulte brièvement. L'Espagnol a réussi à mettre la main sur un visa diplomatique authentique. Convaincu par l'opiniâtreté de sa recrue, Federico annonce à Pujol Garcia qu'il est désormais un espion du Reich. Nom de code personnel : Alaric, nom de code du réseau qu'il doit constituer : Arabel. Pour sa première mission, l'espion en herbe se rendra au Royaume-Uni en vue d'y collecter un maximum d'informations sur l'ennemi. L'Allemand lui remet un coffret contenant de l'encre invisible, 3 000 dollars en liquide ainsi qu'un manuel de codes secrets destinés aux futures communications.

Octobre 1941, voyage imaginaire au Royaume-Uni

Décidé à mener sa mission à bien, Pujol Garcia ne tarde pas à prendre la route pour Lisbonne. Mais au lieu de monter dans l'avion pour Londres, l'espion dépense l'argent que lui a alloué Federico pour une petite chambre dans une modeste maison de pêcheurs à l'ouest de la capitale portugaise. Il achète également une carte du Royaume-Uni, des livres, un guide touristique complet ainsi qu'un fascicule détaillant les horaires de train du pays. Le voilà prêt à devenir un véritable citadin londonien !

À l'automne 1941, Pujol Garcia envoie son premier rapport à Federico. Entre les lignes d'une lettre banale, le message, écrit à l'encre invisible, est rapidement déchiffré par l'Abwehr. L'Espagnol y annonce avec enthousiasme son arrivée à Londres. La capitale grouille d'activités. Alaric est séduit par le légendaire flegme des Britanniques. L'espion n'a pas perdu de temps et se targue d'avoir déjà tissé de précieux liens avec bon nombre de sympathisants nazis qu'il a côtoyés dans la capitale. Selon ses dires, les hommes ont accepté de se mettre à son service. Pujol Garcia décrit avec précision l'identité, le signalement et l'activité de ses nouveaux agents. Le premier est un simple représentant de commerce portugais qui vit à Newport. Le second, William Maximilian Gerbers, est un Britannique d'origine allemande qui vit à Liverpool et informe Pujol sur des mouvements de la flotte impériale. Quant au troisième, étudiant vénézuélien à l'université de Glasgow, il répond au nom de Carlos.

TO LET
VIGERS & C°

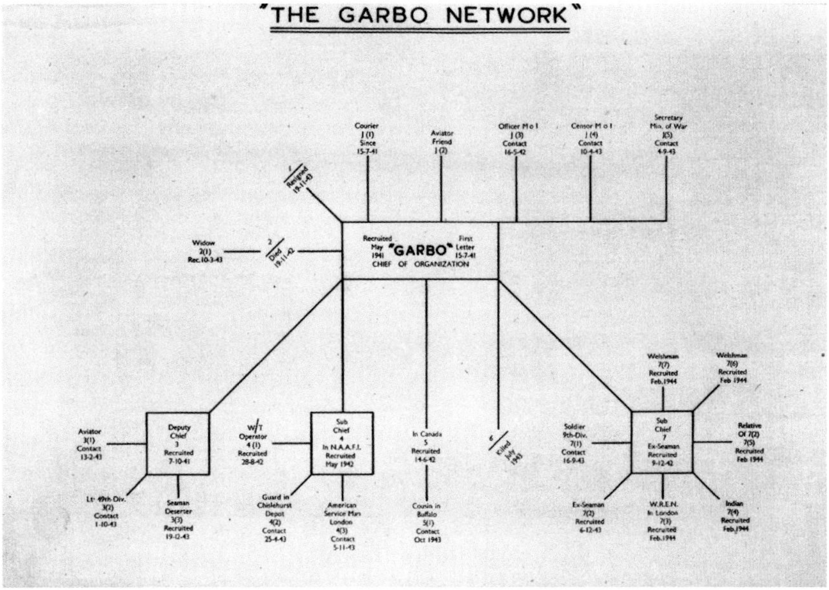

Organigramme du réseau imaginaire d'espions de Pujol Garcia.

Tout droit sorti de son imagination, le réseau d'espions fictifs ne tarde pas à livrer de précieux renseignements. Les Allemands se réjouissent de l'activité et de l'efficacité du foisonnant réseau de leur nouvelle recrue. L'Abwehr ne se doute pas un seul instant que son homme de main n'a jamais mis le pied sur les îles britanniques et que son organisation est fantomatique.

Pour rendre la supercherie crédible, Pujol Garcia prie les services secrets du Troisième Reich de lui rembourser toutes les dépenses de ses agents. À l'aide de son précieux guide touristique, l'Espagnol calcule méticuleusement les frais des voyages imaginaires. Sans sourciller, les Allemands envoient les remboursements par courrier à une boîte postale de Lisbonne. Un steward imaginaire de la compagnie KLM, censé faire régulièrement l'aller-retour entre la ville portugaise et Londres, récupérerait le courrier et le remettrait en main propre à Pujol Garcia.

De l'autre côté de la Manche, les Britanniques interceptent et décodent toutes les communications de l'Abwehr. Les rapports d'un certain Alaric mettent les services secrets de la Couronne en alerte ! Les agents du MI5 lancent des recherches pour retrouver les mystérieux agents disséminés sur leur territoire.

NOTE ANECDOTIQUE

—

Malgré sa documentation rigoureuse au sujet de la culture britannique, Juan Pujol Garcia commet quelques maladresses dans ses rapports. Ainsi, son agent de Glasgow, dit-il, ferait n'importe quoi pour un litre de vin, ce qui semble peu probable au regard des habitudes de boisson au Royaume-Uni, et surtout erroné, car le système métrique n'est pas utilisé dans le pays.

Février 1942, coup d'éclat à Malte

En ce début du mois de février, Pujol Garcia a déménagé dans une modeste maison de la banlieue de Lisbonne. Installé devant son bureau, l'Espagnol trempe la plume dans l'encrier et égoutte soigneusement le liquide translucide. Entre les lignes noires qui remplissent la lettre, il gratte le papier. Alaric laisse libre cours à son imagination. William Maximilian, son agent de Liverpool, a constaté un mystérieux mouvement de flotte. Cinq navires de ravitaillement auraient quitté le port de la ville en direction de Malte.

Forces anti-aériennes alliées surplombant le port de Malte (1942)

Depuis le début de l'année 1942, les Allemands pilonnent en continu la minuscule île, alors aux mains des Britanniques. Presque deux mille raids aériens de la Luftwaffe ont fait pleuvoir un déluge de feu sur La Valette. Les défenses de l'île sont à bout de souffle. La lettre envoyée par Alaric paraît plausible. L'Abwehr transmet le renseignement au haut commandement de l'amirauté allemande, qui dépêche des forces considérables pour intercepter le convoi de ravitaillement indiqué par l'espion. Sous-marins et torpilleurs sont déroutés en direction du point stratégique de la Méditerranée. Après une interminable attente, les troupes allemandes se rendent à l'évidence : aucun convoi à l'horizon. Grâce à un simple courrier, Pujol Garcia a fait mobiliser des milliers d'hommes pour rien. Malgré ce fiasco militaire, les Allemands renouvellent leur confiance en leur agent Alaric. Ils sont persuadés que c'est la faute de leur allié italien si le convoi n'a pas été trouvé.

Dans les bureaux des services secrets du MI5, les agents, qui ont décrypté les communications de la Kriegsmarine, sont eux aussi médusés. Mais qui peut bien être cet espion énigmatique qui manipule aussi facilement l'armée allemande ? Une véritable chasse à l'homme est organisée en Grande-Bretagne, et malgré les moyens considérables déployés, le nébuleux Alaric reste introuvable.

Dans sa modeste demeure des côtes portugaises, Pujol Garcia est, quant à lui, tout aussi agité. Conscient du jeu dangereux dans lequel il s'est imprudemment engagé, l'apprenti espion craint d'être démasqué par les Allemands et envisage avec effroi les représailles. Dans un ultime coup de poker, il se présente une dernière fois aux services de renseignement alliés. Il choisit cette fois de se rendre à l'ambassade des États-Unis à Lisbonne. Les Américains, entrés en guerre trois mois plus tôt, accueillent dignement le petit homme espagnol, soulagé d'être reconnu à sa juste valeur par les Alliés qui ne tardent pas à organiser son exfiltration pour l'Angleterre.

1942, Garbo, au service de Sa Majesté

Le 25 avril 1942, pour la première fois, Juan Pujol Garcia pose réellement le pied sur le sol anglais ! Les agents britanniques mettent enfin un visage sur Alaric, l'espion du Reich qui leur a donné tant de fil à retordre. L'homme de trente ans s'installe, en compagnie de sa femme et de son enfant, dans une petite maison londonienne au 35, Crespigny Road. Pujol Garcia devient officiellement un agent du MI5.

Au cours des deux semaines suivantes, il fait la connaissance de Tomás Harris. Le Catalan détaille ses motivations, présente ses plans et dévoile son réseau fictif d'agents infiltrés à son nouveau collègue. Tomás Harris est impressionné par l'ingéniosité et l'audace de la nouvelle recrue. Comme un clin d'œil au talent de Pujol Garcia qui excelle dans la duplicité, les Britanniques décident de lui donner le nom de code « Garbo », en hommage à la comédienne Greta Garbo, considérée à l'époque comme la meilleure actrice du monde.

Tomás Harris, collègue de Pujol Garcia et audacieux espion au service des renseignements britanniques.

L'agent double, confortablement installé dans sa demeure pavillonnaire londonienne et inspiré par sa nouvelle vie de citadin, étoffe son réseau d'agents imaginaires. Chaque mois, Alaric « recrute » de nouveaux espions. Bientôt, un véritable organigramme trône sur le buffet du salon. Le grand tableau affiche l'identité, le caractère, la méthode de communication et les motivations de chaque indicateur. Un système complexe de ramifications relie les personnages entre eux. Le réseau fictif s'étend de l'Angleterre aux États-Unis en passant par le Canada, et compte plus de vingt protagonistes. Lorsque Pujol Garcia fait les cent pas dans son salon transformé en QG improvisé, il s'arrête souvent devant l'organigramme et se plaît à contempler sa création. Tel un marionnettiste qui tire les ficelles dans les coulisses de son théâtre, il donne vie à ses pantins imaginaires pour mieux manipuler les nazis.

En novembre 1942, alors que les Alliés préparent l'opération *Torch*, un débarquement sur les côtes d'Afrique du Nord, Alaric envoie un courrier aux Allemands. Un de ses agents signale qu'une importante armada alliée a quitté les côtes britanniques et se dirige vers le continent africain. Cette fois, l'information est véridique, voire cruciale. Détail important : le courrier est antidaté et, bien sûr, volontairement envoyé au dernier moment. Lorsque les services allemands obtiennent le renseignement, il est déjà trop tard. Ils répondent néanmoins à leur agent dévoué : « Nous sommes désolés qu'ils soient arrivés trop tard, mais vos derniers rapports étaient magnifiques. »

L'exercice du métier d'agent double met les nerfs de Pujol Garcia à rude épreuve. Pour ne pas être démasqué, il doit régulièrement déployer des trésors d'audace et de ruse. À la fin de l'année 1942, l'Abwehr est furieuse, Alaric a omis de leur faire part d'un important mouvement de flotte ! L'espion garde son sang-froid et se justifie : son agent Maximilian a malheureusement été emporté par la maladie. Pour étayer ses propos, Pujol Garcia fait publier un avis de décès dans la presse locale et joint la coupure du journal à sa lettre. Confuse d'avoir pu douter de leur meilleur espion, l'Abwehr se confond en excuses, présente ses condoléances et accepte même de payer une pension pour la veuve imaginaire de cet agent fictif ! La roublardise de l'espion espagnol ne connaît pas de limites. Alaric voit son influence s'étendre au sein des services de renseignement du Troisième Reich, au point que les Allemands cessent tout recrutement d'espions au Royaume-Uni.

Pendant l'année qui suit, Pujol Garcia et son compère Tomás Harris inondent l'Abwehr de centaines de lettres. Face au flot ininterrompu de courriers et à la lenteur du système postal, les Allemands invitent Alaric à utiliser la radio. Ni une ni deux, Pujol Garcia recrute un 24e agent fantôme, au nom de code Almura, un paysan solitaire qui, comme par hasard, est passionné de radio.

Juan Pujol Garcia bénéficie à présent de la confiance totale des nazis. Il peut s'atteler à l'élaboration de son plus grand mensonge.

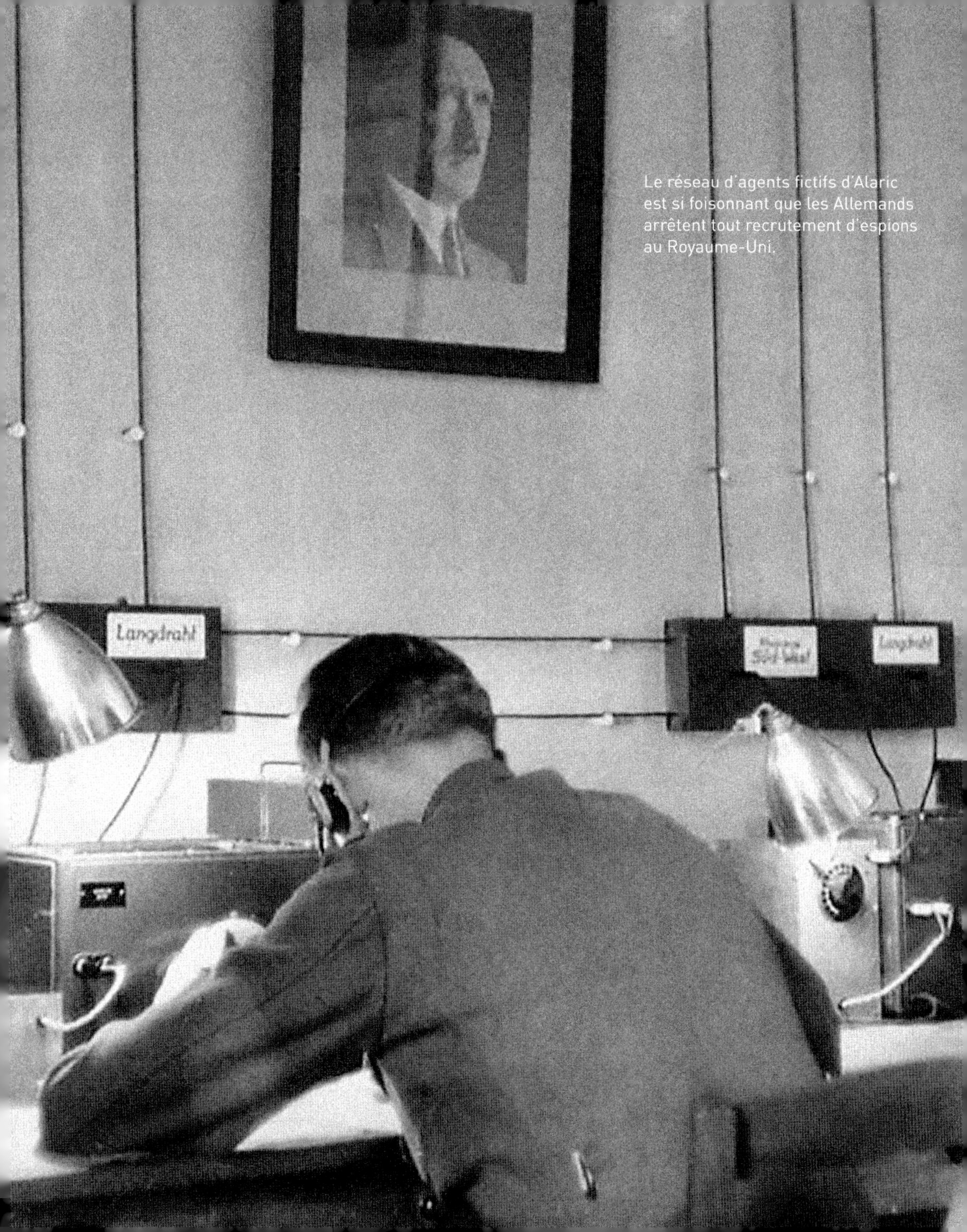

Le réseau d'agents fictifs d'Alaric est si foisonnant que les Allemands arrêtent tout recrutement d'espions au Royaume-Uni.

Juin 1943, dispute conjugale

Mais avant de changer le cours de la Seconde Guerre mondiale, Juan Pujol Garcia doit d'abord faire face à un incident imprévu, susceptible de voir s'écrouler tout l'édifice. Au premier jour de l'été 1943, une violente dispute éclate au 35, Crespigny Road. Araceli, l'épouse de l'agent double, ne supporte plus sa vie confinée dans la banlieue londonienne. L'Espagnole, qui rêve de retrouver le soleil de son pays, menace de révéler l'identité de son mari et toute la supercherie à l'ambassade d'Espagne. Face à l'urgence de la situation, Garbo met en œuvre tout son génie et façonne un énième subterfuge. Peu de temps après l'altercation, Tomás Harris débarque au domicile conjugal et annonce à Pujol Garcia qu'il est démis de ses fonctions et mis en état d'arrestation.

Le simulacre est poussé jusqu'à organiser une rencontre dans la prison des services secrets, où Araceli a été acheminée avec un bandeau sur les yeux. Cette dernière fond en larmes et s'excuse d'avoir mis en péril le travail de son mari. Le MI5 accepte de « libérer » Pujol Garcia à une seule condition, qu'Araceli signe un document certifiant qu'elle n'entreprendra plus aucune autre action pouvant trahir la couverture de Garbo. Le lendemain matin, Pujol Garcia et Tomás Harris, tout sourire, se félicitent de la réussite de leur mise en scène. Après avoir manipulé sa femme, Pujol Garcia peut retourner exercer ses talents d'intrigant pour berner les Allemands.

Mai 1944, précieux renseignement

Fin mai 1944, alors que le débarquement de Normandie approche, Pujol Garcia formule une demande *a priori* invraisemblable au haut commandement allié. L'Espagnol souhaite révéler la date, l'heure et le lieu du débarquement aux Allemands. Face à la perplexité des militaires, Garbo insiste. S'il transmet cette information capitale, la confiance des Allemands sera inébranlable. Il pourra alors tromper l'ennemi en l'aiguillant vers la piste d'un second débarquement dans le Pas-de-Calais. Hitler est persuadé que le débarquement aura lieu dans cette région. Il est indispensable de le conforter dans cette erreur, car le succès de l'opération *Overlord* en dépend. Après d'âpres négociations, l'équipe du général Eisenhower, le commandant suprême des forces alliées, accepte la proposition de l'agent double, à la condition que la transmission ait lieu après les premiers parachutages du jour J.

6 juin 1944, jour J

Le 6 juin 1944, la plus grande opération militaire amphibie et aéroportée de l'Histoire se met en branle. Depuis leur QG improvisé, Juan Pujol Garcia, Tomás Harris et l'opérateur radio se préparent à révéler l'information cruciale. À trois heures du matin, la tension est à son comble dans le salon du 35, Crespigny Road. Casque rivé sur les oreilles, main sur la touche du code morse, l'opérateur commence à émettre le rapport d'Alaric… Pas de réponse.

Côté allemand, personne ne réceptionne le message. La station a tout simplement fermé pour la nuit. Au petit matin, après plusieurs heures de silence, un opérateur de l'Abwehr prend connaissance du renseignement de l'agent double. Le débarquement a déjà commencé, l'information est désormais inutile. Pujol Garcia enrage et envoie le message suivant : « Je ne peux pas accepter d'excuses ou de négligences. Si ce n'était pas pour mes idéaux, j'aurais déjà abandonné ma mission. » Afin de ne pas perdre leur précieux agent, les Allemands présentent platement leurs excuses : « Je vous réitère à vous, en tant que chef de service, et à tous vos collaborateurs, notre reconnaissance totale de votre travail dévoué, et je vous supplie de continuer à travailler avec nous en ces heures décisives pour le futur de l'Europe. »

8 juin 1944, ultime mensonge

Le lendemain du jour J, une fois l'effet de surprise passé, les forces du Troisième Reich stationnées dans le nord de la France préparent une contre-attaque. Pujol Garcia a un seul objectif : empêcher cette armée de rejoindre la Normandie. Dans la nuit du 8 au 9 juin à minuit et sept minutes, Juan Pujol Garcia déplace sa dernière pièce sur l'échiquier. Il sait que le coup est imparable, les Allemands le croient sur parole. L'agent double, véritable pièce maîtresse d'un des plus grands plans de tromperie de la Seconde Guerre mondiale, annonce, par le biais d'un nouveau télégramme, que le débarquement de Normandie n'est en réalité qu'une opération de diversion, destinée à déloger les Allemands du Pas-de-Calais. Un second débarquement d'une ampleur majeure se prépare. L'effet est quasiment instantané. Des divisions de la XVe armée du Generalfeldmarschall Rommel rebroussent chemin et la redoutable contre-attaque planifiée par les Allemands est avortée. Gage du succès de l'opération répondant au nom de code *Fortitude* : à la fin du mois de juin 1944, on dénombre davantage de soldats allemands dans le Pas-de-Calais qu'au début du mois.

Au cours de l'été 1944, les Alliés progressent dans la libération de l'Europe et Pujol Garcia continue à communiquer avec l'ennemi. Jusqu'au dernier jour du conflit, les Allemands n'ont jamais soupçonné la duplicité d'Alaric. Le 8 mai 1945, les actes de capitulation du Troisième Reich sont signés, la Seconde Guerre mondiale prend fin sur le continent européen.

Juan Pujol Garcia craint cependant les représailles d'anciens nazis. Avec l'aide du MI5, il s'envole pour l'Afrique, en Angola. En 1949, l'ex-agent double s'éteint mystérieusement, frappé par la malaria. Une dernière ruse de l'espion ?

Près de quarante ans après la fin de la Seconde Guerre mondiale, Juan Pujol Garcia revient en Europe et est reçu au palais de Buckingham.

Épilogue

Au début de l'année 1984, Nigel West débarque au Venezuela. Après quinze ans d'enquête, l'homme politique et écrivain anglais a réussi à retrouver la trace de Juan Pujol Garcia. L'Espagnol n'est pas mort de la malaria en Angola quarante ans plus tôt, il est en pleine forme. Il coule des jours heureux dans la ville de Lagunillas, au Venezuela. L'homme qui a trompé le Troisième Reich tout au long de la Seconde Guerre mondiale s'est reconverti en libraire. Il jouit d'une vie bien banale. Après de longues négociations, le Britannique parvient à convaincre l'ancien agent double de revenir sur le Vieux Continent pour commémorer les quarante ans du débarquement de Normandie. Pujol Garcia met le pied pour la première fois sur les plages normandes, avant d'être reçu sous les ors du palais de Buckingham. Il raconte :

> *« Ma plus grande fierté et satisfaction résident dans le fait de savoir que j'ai aidé à limiter le nombre de victimes parmi les milliers, les dizaines de milliers de soldats déployés pour tenir les plages normandes. »*

L'homme aux multiples facettes s'éteint en 1988, au Venezuela.

En 1944, Adolf Hitler en personne avait fait attribuer la Croix de fer à Alaric pour les loyaux services que le fidèle espion avait rendus au Reich. Quelques mois plus tard, la Couronne britannique décora à son tour Garbo, son agent dévoué, de la Médaille de l'Ordre de l'Empire britannique. Ainsi, Juan Pujol Garcia est, à ce jour, le seul homme connu de l'Histoire à s'être vu décerner une médaille à la fois par l'Allemagne nazie et par le Royaume-Uni.

VIRGIN
19011

US
21

CHAPITRE II

LE SOLDAT QUI S'EST RENDU VINGT-NEUF ANS APRÈS LA FIN DE LA SECONDE GUERRE MONDIALE

—

Au fin fond d'une jungle du Pacifique,
le soldat japonais Hiroo Onoda a refusé
de rendre les armes jusqu'en 1974, ignorant que
la guerre était terminée depuis bien longtemps.

CONTEXTE HISTORIQUE

—

Le 8 mai 1945, la capitulation du Troisième Reich met fin aux opérations de guerre sur le continent européen. La Seconde Guerre mondiale n'est pas terminée pour autant et se poursuit en Asie de l'Est. Au cours de l'été qui suit, cette partie du globe est le théâtre de violents affrontements. L'empire du Japon, allié des nazis et dont les velléités expansionnistes ont mis la région à feu et à sang, est au bord du précipice. Après une série ininterrompue de défaites, le pays prépare ses dernières défenses. La ténacité et l'esprit de sacrifice du peuple nippon forment un ultime barrage face à l'avancée inexorable des Alliés. La doctrine impériale est implacable. Les Japonais défendront l'archipel au prix de leur vie jusqu'à l'anéantissement de la nation.

Alors que le pays du Soleil-levant refuse toute capitulation sans conditions, les Américains larguent le 9 août 1945 une seconde bombe atomique, cette fois-ci sur la ville de Nagasaki. La ville est anéantie et des dizaines de milliers d'habitants périssent. L'Union soviétique qui, la veille, a déclaré la guerre au Japon, lance l'invasion de la Mandchourie, région du nord-est de la Chine dont les Japonais ont fait la conquête dès 1931.

Ces deux événements précipitent la chute de l'Empire, déjà bien affaibli par quatre ans de guerre contre les États-Unis. Le 15 août, l'empereur Hirohito déclare publiquement :

« L'ennemi a mis en œuvre une bombe nouvelle d'une extrême cruauté, dont la capacité de destruction est incalculable et décime bien des vies innocentes. Si nous continuions à combattre, cela entraînerait non seulement l'effondrement et l'anéantissement de la nation japonaise, mais encore l'extinction complète de la civilisation humaine. »

Le 2 septembre 1945, la signature des actes de capitulation du Japon met un terme à la Seconde Guerre mondiale. Pourtant, dans les jungles et montagnes reculées des îles du Pacifique, de nombreux soldats impériaux restent encore cachés. Ils ignorent ou ne veulent pas croire que la guerre est finie. Pendant vingt-neuf ans, le sous-lieutenant Hiroo Onoda va survivre et continuer à se battre sur un îlot des Philippines. Il ne rendra les armes qu'en 1974, près de trois décennies après la fin de la Seconde Guerre mondiale.

Vingt-neuf ans plus tard

En cette fin de journée humide et venteuse, les branches craquent sous des pas décidés. Les sens en alerte, un soldat chaussé de bottes rapiécées se faufile entre les amas inextricables de lianes et la végétation dense d'un territoire qu'il ne connaît que trop. Les derniers rayons du soleil parviennent difficilement à percer l'épais feuillage de la jungle qui l'entoure. Vêtu de l'uniforme brun délavé qu'il porte sur lui depuis trop longtemps, le soldat avance prudemment.

Lubang est une île des Philippines recouverte d'une épaisse jungle.

Soudain, une forme inhabituelle rompt le paysage monotone de la forêt. Au bord de la rivière se dresse une tente blanche et un feu crépite dans un foyer improvisé. Un jeune homme prépare un repas. Le fusil chargé, les doigts sur la gâchette, le militaire hèle l'inconnu qu'il tient en joue. Ce dernier se retourne, incrédule et tremblant. Vêtu d'un T-shirt, d'un jean, de chaussettes et d'une paire de sandales, le jeune homme se risque à saluer son agresseur en japonais. Le soldat lui rétorque sèchement :

– Qui êtes-vous ?

Stupéfait de sa rencontre, l'étudiant balbutie :

– Je… je m'appelle Norio Suzuki, je suis un touriste en voyage sur cette île ! Êtes-vous… Êtes-vous bien le sous-lieutenant Onoda ?

Pendant un bref instant, le temps semble s'être suspendu. Voilà bien longtemps que le militaire n'a plus entendu parler la langue de son pays. L'ermite baisse lentement son arme et s'approche de ce mystérieux voyageur. De son côté, Norio Suzuki n'en revient pas ! Après des jours de recherche dans l'épaisse jungle, il vient de retrouver le légendaire Hiroo Onoda, que tout le monde croyait mort. Le jeune Japonais invite le soldat à se joindre à lui pour partager son repas.

Au fil de la soirée, les langues se délient et les deux hommes, que tout sépare, tissent une bien étrange amitié. Norio Suzuki sort une cigarette du paquet enfoui dans sa poche et la tend à Onoda. Pensif, l'ermite laisse échapper plusieurs volutes de fumée dans les airs. Après un long silence, Norio Suzuki se lance.

– Je sais que l'attente a été interminable pour vous,

mais la guerre est finie. Onoda-*san*, l'empereur et le peuple du Japon sont inquiets à votre sujet. Voulez-vous rentrer au Japon avec moi ?
– Non, je ne peux pas ! Pour moi, la guerre n'est pas terminée.
– Pourquoi ?
– Tu ne peux pas comprendre… Je ne quitterai pas cette jungle tant que je n'en aurai pas reçu l'ordre direct de mon supérieur. Si tu veux que je rentre au Japon, retrouve-le !

Suzuki a beau insister, rien ne peut faire changer d'avis le vétéran. L'étudiant promet alors au sous-lieutenant de retrouver son chef et de revenir le voir pour le libérer de son poste.

Le lendemain matin, Norio Suzuki s'apprête à lever son camp. Conscient que personne ne le croira au Japon, il se munit de son appareil photo pour immortaliser la rencontre avec Hiroo Onoda. Le touriste pose l'appareil sur son trépied, déclenche le retardateur et se précipite vers son ami. Ce dernier tend son arme au jeune homme qui s'en saisit et les deux compatriotes posent tout sourires devant l'objectif. Le clic retentit. Norio Suzuki se lève, retire la pellicule du boîtier et la range soigneusement dans sa poche.

Des soldats américains lors de la bataille de Luzon aux Philippines.

Décembre 1944, Hiroo Onoda débarque sur Lubang

Depuis l'attaque de Pearl Harbor en décembre 1941, la guerre fait rage dans le Pacifique. L'Empire nippon et les États-Unis s'affrontent dans une lutte sans merci pour le contrôle de cette immense étendue d'eau constellée de terres hostiles. Du haut de ses 22 ans, le soldat japonais Hiroo Onoda est envoyé en mission sur l'île de Lubang. Cette petite terre volcanique située dans le nord des Philippines est occupée depuis trois ans par l'armée impériale. Formé aux renseignement et à la survie en milieu hostile, l'officier Onoda et les troupes nipponnes ont pour objectif de surveiller l'île et d'empêcher un débarquement américain.

Malgré les efforts du Japon, la supériorité militaire des États-Unis est écrasante. En mars 1945, les G.I. débarquent sur Lubang, brisent la résistance japonaise et reprennent le contrôle de la zone. Après d'âpres combats, Hiroo Onoda et quelques survivants nippons se retirent à l'intérieur des terres, bien décidés à ne pas céder face aux Américains. Le relief escarpé et la forêt touffue offrent un repaire idéal aux soldats.

Rompu aux techniques de guérilla, Onoda organise sa survie et établit plusieurs cachettes à des points stratégiques. Il creuse des trous dans la jungle, trouve refuge dans des grottes ou dort, camouflé à même le sol. Noix de coco, bananes, papayes ou réserves de riz volées aux paysans, il rationne sa nourriture. En période de mousson, il voue le plus grand soin à protéger son matériel de l'humidité et des intempéries. Il enfouit des munitions dans des caches afin de pouvoir faire face, à tout moment, à une embuscade de l'ennemi. Régulièrement, il descend de la montagne pour observer l'activité sur l'île. Lorsque son regard croise celui d'un habitant, il ouvre le feu.

Sa seule préoccupation est d'obéir aux ordres qu'il a reçus : ne pas se rendre, ne pas se donner la mort et attendre l'arrivée des renforts ! Le jeune officier n'est pas prêt à déposer les armes, quitte à passer le reste de sa vie terré dans la jungle.

Octobre 1945, la guerre est finie !

Ce matin-là, le bruit assourdissant d'un bombardier B-17 extirpe Hiroo Onoda de son sommeil. Le soldat se saisit brusquement de son fusil et se prépare à essuyer une attaque. Pourtant, ce n'est pas une pluie de bombes, mais une mystérieuse averse de papiers qui s'abat sur lui. Les Américains viennent de larguer des milliers de tracts pour informer les combattants cachés dans les jungles les plus reculées du Pacifique que la guerre est bien terminée. Le jeune homme ramasse l'un des feuillets tombés au sol et le présente à Shimada, Kozuka et Akatsu, trois soldats avec qui il fait désormais équipe. Imprimé en gras sur toute la page, l'ordre du général Yamashita, ancien commandant des troupes nippones aux Philippines, appelle les soldats encore actifs à cesser le combat : « La guerre a pris fin le 15 août ! Descendez des montagnes ! »

Hiroo Onoda est convaincu qu'il s'agit d'un acte de propagande américaine. Il est impossible que l'empire du Japon ait perdu la guerre ! Et puisqu'il a fait le serment de se battre jusqu'au bout, il ne rendra pas les armes !

LE 9 AOÛT 1945, LA SECONDE BOMBE ATOMIQUE EST LARGUÉE PAR LES AMÉRICAINS SUR NAGASAKI.

Septembre 1949, la trahison

Quatre années se sont écoulées depuis qu'Onoda s'est réfugié dans la jungle. Sans montre ni calendrier, le reclus n'a aucun moyen de mesurer le temps qui passe. Seuls ses cheveux, qu'il coupe tous les trente jours, lui servent de repère. Malgré la boue, la végétation hostile et les pluies tropicales, le sous-lieutenant met un point d'honneur à soigner son unique uniforme. Il le lave dans un cours d'eau et rafistole le tissu régulièrement écorché. Malgré sa détermination sans faille et sa foi en l'empereur, ces conditions spartiates mettent son moral à rude épreuve.

Pendant ce temps, la vie a repris son cours sur l'île de Lubang. Aucun des efforts engagés par les Alliés ne parvient à convaincre Onoda et les derniers survivants de sortir de leur cachette. Tracts, journaux, lettres de proches, photos de famille ou groupes de recherche, il n'y a rien à faire… Obsédés par leur devoir, les quatre Japonais s'obstinent à tenir leur position.

Un matin de septembre 1949, Akatsu manque à l'appel. L'un des trois camarades d'Onoda a décidé de quitter la forêt et de se rendre. Furieux de cette trahison, le jeune militaire est persuadé que le déserteur va révéler sa position et le livrer aux Américains. Il redouble de prudence et décide de s'enfoncer au plus profond de la jungle, qu'il connaît désormais comme sa poche.

L'année suivante, Hiroo Onoda découvre une lettre manuscrite de son ancien compagnon de survie. Sur un ton enthousiaste, Akatsu indique qu'il a été accueilli comme un ami par les autorités philippines et invite ses compatriotes à se rendre. Le sous-lieutenant ne croit pas un seul mot de son ancien camarade. Pour lui, il n'y a pas l'ombre d'un doute, Akatsu n'est qu'un traître à la solde des Américains !

Mai 1954, face-à-face mortel

Lorsque les pluies diluviennes s'abattent sur Lubang, Onoda, Shimada et Kozuka sortent de leur cache pour chasser. La viande est une denrée rare dans leur quotidien. Les soldats profitent du bruit assourdissant des averses pour masquer leurs coups de feu et abattre quelques têtes de bétail qui pâturent dans les prairies au pied de la montagne. Les trois Japonais n'éprouvent aucun remords à piller et brûler des fermes pour survivre. Après tout, ils sont en guerre.

Le 7 mai 1954, les trois soldats sont en quête de nourriture au bord d'une plage. Surpris par un groupe d'individus, ils ouvrent le feu, mais font en réalité face à des militaires philippins en exercice d'entraînement. La réplique est sévère : Shimada s'effondre au sol. Onoda et Kozuka battent en retraite et laissent derrière eux la dépouille de leur ami. Les deux survivants disparaissent pour de bon dans les entrailles du labyrinthe vert.

NOTE HISTORIQUE

—

À la fin des années 1950, des bombardiers B-52 américains survolent l'île de Lubang. Cela contribue à renforcer la conviction d'Hiroo Onoda que la Seconde Guerre mondiale n'est pas terminée. Ces survols deviendront intensifs à partir de 1964, avec la guerre du Vietnam.

Automne 1964, le sport n'a pas de frontière

Le corps inondé de sueur, Hiroo Onoda remonte dans sa cachette, les bras bien chargés. Accablé par la touffeur et la moiteur, le sous-lieutenant pousse un soupir et jette son butin au sol. Son incursion dans une ferme isolée lui a permis de mettre la main sur une lampe torche, des boîtes de conserve et un poste de radio. Il dévisse le culot du petit appareil électrique, extirpe les piles et les insère dans le poste, qu'il place au fond de sa grotte. Il déplie l'antenne du transistor et l'allume prudemment, veillant à tourner la molette du volume au minimum. L'oreille collée à l'enceinte, Onoda balaie les fréquences. Soudain, le filet d'une voix familière jaillit entre les grésillements. Onoda tend l'oreille et sourit. De l'autre côté du poste, le présentateur s'exprime en japonais et récite un bulletin d'information. Le journaliste énumère les derniers résultats des jeux Olympiques de Tokyo. Japonais et Américains s'y affrontent en apparente fraternité. Incrédule, Hiroo Onoda se dit que malgré la guerre en cours, le sport ne connaît pas de frontière.

Cette parenthèse de réconfort ne parvient pas, malgré tout, à effacer la monotonie du quotidien. Voilà bientôt vingt ans qu'Onoda et Kozuka sont reclus dans la jungle de cette petite île des Philippines. Prisonniers de leur paranoïa et piégés par leur obéissance aveugle, les deux hommes tombent petit à petit dans l'oubli. Leurs apparitions sporadiques dans les journaux passent du fait divers à la rumeur et Onoda et Kozuka sont officiellement déclarés morts.

1974 : *Sayonara* Lubang !

Kozuka, dernier compagnon d'Onoda, est abattu le 19 octobre 1972 par des policiers philippins. Le fait divers paraît à la une des médias japonais. La vieille légende de l'empire du Soleil-levant refait surface : et si le soldat Hiroo Onoda était encore en vie ?

Norio Suzuki, jeune étudiant japonais féru de voyage, s'envole pour un tour du monde. Il confie à ses amis partir à la recherche d'un panda, de l'abominable homme des neiges et du sous-lieutenant Hiroo Onoda. Comme beaucoup de Japonais, Suzuki a entendu parler de l'histoire de ce soldat qui ne s'est jamais rendu. C'est avec un mélange de curiosité et de naïveté qu'il débarque sur l'île de Lubang aux Philippines. Après plusieurs jours de recherche et de bivouac dans la jungle, il finit par tomber nez à nez sur le mythique ermite. Les deux compatriotes sympathisent autour d'un repas et Norio Suzuki immortalise cette rencontre avec son appareil photo. Le jeune homme retourne au Japon avec la preuve qu'Hiroo Onoda est bien en vie.

RANCUDO J L
MAJ GEN 0-3623

Pendant les mois qui suivent, fidèle à sa promesse, l'aventurier parcourt le pays en quête de l'ancien supérieur hiérarchique du sous-lieutenant Onoda. Grâce au gouvernement japonais, Suzuki parvient à retrouver le major Yoshimi Taniguchi, l'officier supérieur qui avait donné ses ordres à Hiroo Onoda en 1944. Après sa démobilisation, le major, qui a troqué son arme contre des livres, accepte toutefois de quitter sa librairie pour reprendre une dernière fois son rôle de gradé. Il se rend sur l'île de Lubang où il retrouve son ancien subalterne. Le 9 mars 1974, vingt-neuf ans après avoir reçu son dernier ordre, Onoda écoute attentivement son supérieur :

> « *En accord avec le commandement impérial, l'armée de la 14e zone a cessé toute activité de combat. Les unités et les individus sous le commandement des opérations spéciales doivent cesser toute activité militaire [...]. Ils doivent prendre contact avec les forces américaines ou philippines et suivre leurs ordres.* »

Hiroo Onoda accepte enfin la reddition. Lors d'une rencontre solennelle avec Ferdinand Marcos, le président des Philippines, il rend son sabre, son fusil encore en état de marche, ses cinq cents munitions et quelques grenades. Au cours de sa « guerre de trente ans », Onoda a tué plusieurs dizaines de Philippins et en a blessé plus d'une centaine. Malgré ses crimes, le président Marcos lui accorde le pardon. Le sens du devoir, l'abnégation et la bravoure du sous-lieutenant forcent l'admiration.

Le vétéran retourne au Japon, où il est accueilli en héros national. Hiroo Onoda s'éteint en 2014, à l'âge de 92 ans, après avoir passé près d'un tiers de sa vie à participer à une guerre qui était déjà terminée.

VINGT-NEUF ANS APRÈS LA FIN DE LA SECONDE GUERRE MONDIALE, HIROO ONODA ACCEPTE ENFIN DE RENDRE LES ARMES.

Épilogue

L'ancien sous-lieutenant a raconté sa guerre de trente ans dans une autobiographie parue en 1974, année de sa reddition. Il relate son interminable mission passée terré au fin fond de la jungle, sa survie et son quotidien dans ce milieu hostile. Il n'évoque toutefois pas les meurtres commis contre les habitants de l'île.

De retour au pays, Hiroo Onoda ne reconnaît pas le Japon qu'il a quitté trente ans plus tôt. La nation s'est modernisée et les valeurs traditionnelles qui ont fait l'engagement du sous-lieutenant ont été remplacées par une société ouverte et mondialisée. L'ex-militaire refuse toute indemnité, même sa solde pour les trente-deux ans qu'il a passés sous les drapeaux.

Revenu à la vie civile, Onoda ne supporte pas l'attention portée sur lui et décide de quitter le feu des projecteurs en s'envolant pour le Brésil. Il y rejoint une partie de sa famille et y rencontre celle qui deviendra sa femme.

Dans les années 1980, l'ancien soldat s'émeut d'un fait divers macabre survenu au pays du Soleil-levant. Un jeune adolescent a poignardé ses parents. Hiroo Onoda décide alors de retourner au Japon, ouvre un camp de survie où il inculque aux jeunes Japonais l'obéissance, la bravoure et le sens de l'honneur.

Près de vingt ans après avoir quitté sa prison insulaire, Onoda retourne sur l'île de Lubang et offre des dons aux autorités pour favoriser la construction d'écoles sur le territoire.

Norio Suzuki poursuit, quant à lui, sa vie d'explorateur. Après avoir retrouvé le légendaire soldat Hiroo Onoda et aperçu un panda, l'homme part en quête de son ultime aventure. À la recherche de l'abominable homme des neiges dans les montagnes de l'Himalaya, il périt en novembre 1986, enseveli par une avalanche.

L'histoire d'Hiroo Onoda, héros malgré lui, révèle l'absurdité de la guerre. L'obéissance, la bravoure jusqu'à la mort et le sens de l'honneur qui ont dicté la conduite du soldat reflètent des valeurs très ancrées au Japon. Ce samouraï des temps modernes a sacrifié en vain trente ans de sa vie pour une cause perdue.

CHAPITRE III

L'INCROYABLE HISTOIRE DES TRÊVES DE NOËL DANS LES TRANCHÉES

Au cours de la Première Guerre mondiale,
à Noël 1914, de nombreux soldats ont troqué
les armes contre les chants et ont fraternisé
avec l'ennemi pour s'offrir un instant de paix.

CONTEXTE HISTORIQUE

—

À l'aube de 1914, l'Europe est une poudrière. Le continent où convergent toutes les tensions est marqué par les cicatrices de décennies de rivalités. La France est meurtrie par la perte de l'Alsace-Lorraine, annexée par l'Allemagne en 1871. Le nationalisme grandissant, la volonté impérialiste et expansionniste de nombreux pays, les différends coloniaux et le système tentaculaire d'alliances militaires ont déclenché une course à l'armement effrénée entre les grandes puissances. Le Vieux Continent se prépare à la guerre.

Le 28 juin 1914 à Sarajevo, l'assassinat de l'archiduc François-Ferdinand, héritier de l'Empire austro-hongrois, sert de détonateur. L'assassin, un Bosniaque d'origine serbe, est immédiatement arrêté. Le 23 juillet suivant, l'Empire austro-hongrois, allié de son puissant voisin allemand, lance un ultimatum au royaume de Serbie, qui ne répond que partiellement aux exigences impériales. Les relations diplomatiques entre les deux nations sont rompues et l'engrenage infernal des alliances s'active. À l'été 1914, l'Allemagne, l'Autriche-Hongrie, la Russie, la France et le Royaume-Uni plongent le monde dans son premier conflit global, l'un des pires de son histoire.

Le 1er août, la mobilisation générale est décrétée en France. Les soldats embarquent dans les trains réquisitionnés et s'en vont vers l'est, persuadés que la guerre sera courte.

Dès le début du conflit, les Allemands opèrent une percée spectaculaire sur le front occidental, qui les mène aux portes de Paris. Début septembre, Français et Britanniques parviennent à repousser l'ennemi *in extremis*, lors de la bataille de la Marne. Dans les semaines qui suivent, on assiste à une véritable course effrénée des armées vers la mer du Nord. Début décembre 1914, le front s'enlise dans les Flandres, à la frontière franco-belge. Incapables d'avancer, les soldats s'enterrent dans des tranchées improvisées. Une profonde balafre de huit cents kilomètres de long entaille le Nord et l'Est de la France, s'étendant de la mer du Nord jusqu'à la frontière suisse.

La guerre de mouvement fait place à une guerre statique. Jour après jour, l'artillerie fait pleuvoir des tonnes d'obus sur le champ de bataille. Pour les millions d'appelés, la vie dans les tranchées s'apparente à un enfer sur terre. En quelques mois, la Première Guerre mondiale a déjà fait plusieurs centaines de milliers de morts. De part et d'autre du front, les hommes sont épuisés et choqués par la violence des combats. Du fond de leurs lugubres tranchées, harassés par la rudesse du quotidien, ils vont troquer les armes contre les chants et s'offrir d'éphémères parenthèses de paix.

Joyeux Noël

En cette nuit glaciale de l'hiver 1914, une étrange atmosphère drape le champ de bataille de l'Artois. Le clair de lune illumine la terre éventrée par plusieurs semaines de bombardements. Ce soir, l'étrange son du silence a remplacé le sifflement, le craquement et le gémissement des balles et des mitrailleuses. Un silence de mort.

Des soldats français dans une tranchée sur le front de l'Ouest en 1917.

Emmitouflé dans sa fine couverture, les pieds enfoncés dans la boue et le corps adossé contre une poutre recouverte de givre qu'il a rapportée des lignes arrière, François Guilhem grelotte, scrutant fébrilement le *no man's land* par-dessus le parapet de sa tranchée rudimentaire. Les traits tirés, la barbe négligée, le regard vide, ce poilu de 28 ans lutte contre l'épuisement. Les bourrasques glaciales de la nuit s'engouffrent dans son uniforme militaire rapiécé et l'extirpent brusquement de sa torpeur. Ses lèvres tremblent, ses mains sont gelées. François souffle machinalement dans ses paumes sans pour autant parvenir à les réchauffer.

Cinq mois plus tôt, le jeune homme embarquait dans un train fumant de la gare de l'Est à Paris. La guerre ne devait être qu'une affaire de quelques semaines, quelques mois tout au plus. Triste, mais déterminé, il promettait à sa femme qu'il reviendrait rapidement. Le voilà à présent piégé dans un cauchemar sans fin.

Fatigué par cette courte guerre déjà bien trop longue, il assiste impuissant à un déferlement de violence inouïe. La boue, les rats, le froid, la pluie, les averses d'obus, la peur, la mort : le quotidien du fantassin est rythmé par un perpétuel ballet macabre. Le soldat français, que l'État-Major dépeint glorieux et vaillant face à l'ennemi, puise sa seule gloire dans le fait de survivre un jour de plus dans ces conditions inhumaines. Aussi loin de sa famille que proche de l'ennemi, François est de plus en plus dégoûté et fataliste. Engourdi par le froid, il erre dans ses pensées.

> « *Pauvres mères, vous pouvez faire des enfants, la boucherie militariste les attend. Ah ! que je suis heureux d'avoir une fille ; au moins elle ne viendra pas se faire hacher sur un champ de bataille.* »

Un étrange murmure met fin à sa rêverie. Un air connu lui parvient de l'autre côté du champ de bataille et rompt la quiétude inhabituelle des lieux. L'écho d'un cantique résonne dans la nuit glaciale. Les Allemands entonnent *Stille Nacht,* « Douce nuit ». Stupéfait, François se retourne et balaie sa tranchée d'un regard interrogateur. Tout comme lui, ses camarades se sont figés sur place, bouche bée. Soudain, une mystérieuse vague de chaleur traverse le corps du jeune homme. Prenant son courage à deux mains, François commence à chanter à son tour, rapidement rejoint par les autres soldats français. Pendant de longues minutes, ces hymnes, chantés en chœur par des milliers d'hommes encore ennemis quelques instants auparavant, drapent la plaine gelée d'un voile féerique. En cette veille de Noël, les soldats des deux camps ont décidé de s'offrir une parenthèse enchantée au fond de leur abîme.

Un facteur livre le courrier sur le front de l'Ouest, septembre 1916.

Un soldat inconnu écrit une lettre dans sa tranchée, 1914.

TÉMOIGNAGE

—

Le 25 décembre 1914, François Guilhem écrit à sa femme :

« Chère Augustine, je me rappellerai longtemps cette nuit de Noël : par un clair de lune comme en plein jour, une gelée à pierre fendre, nous sommes allés vers les dix heures du soir porter des poutres dans les tranchées ; quel n'a pas été notre étonnement d'entendre les Boches chanter des cantiques dans les leurs ! Les Français, puis les Boches ont chanté leur hymne national et ont poussé des hourrah ! Les Français ont répondu par le Chant du départ. *Tous ces chants poussés par des milliers d'hommes en pleine campagne avaient quelque chose de féerique. »*

Décembre 1914, des élans de fraternisation ?

L'histoire de François Guilhem se répète pour des dizaines de milliers d'autres soldats. Cinq mois après le début de la guerre, au terme de la longue et sanglante bataille des Flandres, les belligérants se sont figés dans leur réseau de tranchées fraîchement creusées et ont renforcé leurs positions. Au cours des interminables semaines d'automne, les pluies diluviennes ont inondé les boyaux. Piégés dans la boue et l'humidité, rongés par le froid, les militaires ont vu leur quotidien se muer en épreuve de survie.

Autour des ruines fumantes de la ville belge d'Ypres, les soldats britanniques et allemands se font face, séparés par un *no man's land* de quelques dizaines de mètres seulement.

À la tombée de la nuit, les hommes, las de faire la guerre, troquent leurs fusils contre les chants. Lorsque la tranchée allemande entonne, les Tommies – surnom donné aux soldats britanniques – écoutent attentivement, puis répondent par leur propre répertoire. Certains régiments comptent parmi eux les plus belles voix de leur pays. Ténors ou barytons sont harangués par leurs ennemis, qui hurlent « mi-temps » afin de faire cesser les tirs. Le temps d'un entracte, l'artiste monte sur le parapet de la tranchée et entonne une chanson reprise en chœur des deux côtés.

Lorsque les canons se taisent au fin fond de cet enfer, on entend l'ennemi parler, hurler, s'esclaffer et parfois même chanter. De temps en temps, un coup de vent transporte les effluves des cuisines d'un camp à l'autre.

Tranchée britannique rudimentaire sur le front lors de la bataille de la Somme, août 1916.

Comme un remède à l'ennui, les soldats s'invectivent joyeusement. Les Allemands, qualifiés de « gros cochons mangeurs de saucisses », répondent aux Tommies dans un parfait anglais. L'armée impériale compte en effet dans ses rangs de nombreux réservistes qui vivaient en Grande-Bretagne avant la guerre. Certains belligérants rencontrent de vieilles connaissances. Un matin, un soldat écossais est surpris dans sa tranchée par deux Allemands qui hèlent son unité :

– L'un de vous vient-il d'Édimbourg ?

– Oui, moi ! crie le Britannique.

– Vous connaissez le coiffeur de Prince Street ?

Stupéfait, l'Écossais rétorque qu'il travaille juste à côté et qu'il se rend régulièrement dans ce salon. Les deux soldats allemands y étaient employés !

LE CHAMP DE BATAILLE DÉVASTÉ LORS DE LA TROISIÈME BATAILLE D'YPRES, OCTOBRE 1917.

Les violents combats des dernières semaines ont jonché de corps le champ de bataille. Les dépouilles pourrissent dans les cratères d'obus ou sèchent sur les sinistres enchevêtrements de barbelés. Les soldats sortent les drapeaux blancs et proposent un cessez-le-feu. Cet instant de répit doit permettre d'enterrer les morts, et ainsi de leur donner une sépulture décente.

La proximité des tranchées, les rigueurs du début de l'hiver et la misère que partagent les soldats font que les Allemands et leurs ennemis britanniques, mais aussi français, belges ou russes sur le front de l'Est, se rapprochent, unis dans l'adversité.

NOTE HISTORIQUE

Les élans de fraternisation sont cependant rares, et surtout loin de faire l'unanimité au sein des troupes. Le jeune lieutenant français Charles de Gaulle déplore, deux semaines avant Noël 1914, le « lamentable désir des Français de fraterniser avec l'ennemi ». Côté allemand, le jeune Adolf Hitler proteste lui aussi vigoureusement contre ces trêves.

24 décembre 1914, trêve de Noël

Veille de Noël 1914, au sud de la ville d'Ypres, à quelques pas de la frontière franco-belge. Depuis quelques heures, aucun coup de feu n'a retenti dans le secteur. Les soldats français scrutent fébrilement l'horizon, à l'affût du moindre signe de l'ennemi. Ce silence, le premier qu'ils entendent depuis plusieurs mois, les hypnotise. À leur grande surprise, des sapins de Noël et des bougies ont été installés sur le haut des tranchées allemandes. La ligne ennemie brille de mille feux. Tout à coup, une silhouette surgit dans le *no man's land.* L'éclat de la pleine lune révèle un casque à pointe au milieu du champ de bataille. Un homme seul avance. Il enjambe les amas de barbelés gelés et franchit la terre dévastée en direction de la tranchée française.

Des soldats britanniques réunis autour d'une lampe dans leur tranchée, 1916.

Soudain, il brandit une arme vers le ciel ! Non, pas une arme : dans sa main gauche, Carl Mühlegg, soldat du 17e régiment bavarois, ne tient pas un fusil, mais un sapin de quatre-vingts centimètres. Il salue chaleureusement les Français et crie « Joyeux Noël ! » Médusé, un homme quitte à son tour sa position, rejoint le Bavarois et lui serre timidement la main. Cette scène surréaliste incite des centaines de soldats à se rejoindre en terrain découvert. On se regarde, les yeux dans les yeux, avec le même mélange de peur et d'incrédulité. Serait-ce la magie de Noël ?

Sur plusieurs points du front, les soldats pactisent momentanément. Dans une ambiance étrange, les ennemis jurés sortent de leurs tranchées et se retrouvent au milieu du *no man's land.* Ils se serrent la main, bavardent et rient. Ils s'offrent des cigarettes, du chocolat ou de l'alcool. Les Allemands roulent des tonneaux de bière jusqu'aux lignes galloises. D'autres sortent des bouteilles de leurs poches. Ils troquent parfois leurs propres médailles contre un souvenir de la tranchée adverse. Le soldat Oswald Tilley de la *London Rifle Brigade* écrit alors : « J'étais là dehors à serrer la main d'hommes que j'avais essayé de tuer quelques heures auparavant. C'était incroyable ! » Un autre poilu rapporte, quant à lui : « On a échangé des souvenirs avant de se séparer comme de bons amis. L'un d'entre eux m'a donné son adresse pour que je lui écrive après la guerre. Il y avait un tas de gens bien parmi eux. Je suis sûr que si cela ne dépendait que des hommes, il n'y aurait jamais eu de guerre. »

Les appareils photo, qui ne sont pas encore interdits en ce début de guerre, font leur apparition. Allemands et Britanniques immortalisent ce moment hors du temps à travers un portrait de groupe fraternel. Les Allemands, curieux de voir le résultat de ces clichés, proposent une nouvelle trêve pour le jour de l'an. Un esprit de bonne camaraderie, à la fois joyeux et pathétique, règne au milieu des tranchées.

Un soldat britannique allume la cigarette
d'un prisonnier de guerre allemand, septembre 1914.

Des soldats britanniques jouent au football en Angleterre le jour de Noël 1915.

Matchs de football

Plutôt que de s'entretuer, Allemands et Britanniques improvisent parfois des matchs de football. Ce sport, déjà très populaire au sein des deux nations, offre une mi-temps sportive bienvenue. Les soldats se munissent de leurs pelles et rebouchent les cratères d'obus pour former un terrain de jeu rudimentaire. Ballons en cuir, sacs remplis de paille ou boîtes en fer-blanc font office de balle. Le rapport d'un lieutenant allemand détaille : « Nous avons marqué les buts avec nos képis. Les équipes ont été rapidement formées pour un match sur la boue gelée, et les Fritz ont battu les Tommies 3 à 2. » Cette victoire est d'ailleurs rapportée dans l'édition du 1er janvier du *Times* de Londres.

Ailleurs, on profite d'un « cessez-le-feu » temporaire pour nouer des liens avec l'ennemi. D'un côté du champ de bataille, un coiffeur anglais offre une coupe de cheveux à un Allemand qui semble en avoir bien besoin. D'un autre côté, un officier dévoile les emplacements des prochains assauts pour que tout le monde se mette à l'abri. Le 30 décembre, les Allemands informent les Britanniques qu'un général inspectera leurs tranchées dans l'après-midi. Les Tommies feraient mieux de rester cachés ! Les Allemands seront bien obligés de tirer, car, après tout, c'est la guerre ! Lorsque les bombardements se taisent, les soldats réparent leurs abris. Les hommes n'hésitent pas à emprunter les outils de leurs voisins. Un matin, un officier britannique réprimande un soldat pour avoir fraternisé avec l'ennemi. S'il ne reprend pas les armes, il sera exécuté ! Effaré, le jeune fantassin prend ses jambes à son cou pour se réfugier dans la tranchée allemande.

Ces scènes inouïes offrent une autre vision de la guerre, celle de milliers d'hommes envoyés combattre des gens qu'ils ne haïssent pas, et qui finalement ne sont pas si différents. Les soldats restent toutefois lucides. « Eh bien demain, ce sera de nouveau la guerre », conclut un officier allemand avant de rejoindre sa tranchée.

Des soldats jouent au football dans le *no man's land* pendant la trêve de Noël 1914.

Retour à la réalité

Des dizaines de milliers de soldats, principalement allemands et britanniques, participent spontanément aux trêves de Noël 1914. Dans certains secteurs du front des Flandres, les « fraternisations » se poursuivent pendant plusieurs jours, parfois plusieurs semaines.

Alors que ces événements font les gros titres de la presse outre-Manche, ils sont passés sous silence en Allemagne, et surtout en France, sous la pression de la censure. Le commandement allié met en garde ses troupes. L'État-Major français ordonne même à son artillerie de bombarder les zones où ont lieu les fraternisations et sanctionne les unités incriminées en les expédiant sur des zones de combat plus rudes. Des officiers abattent froidement les soldats ennemis qui ont baissé leur garde, et attisent ainsi volontairement la haine entre les deux camps. Petit à petit, la guerre reprend ses droits et les « cessez-le-feu » se font de plus en plus rares.

Des soldats français sous le feu des bombes ennemies en 1916.
Ce cliché a probablement été mis en scène pour la propagande.

Au fil des décennies, les trêves de Noël sombrent petit à petit dans l'oubli et sont pratiquement classées au rang de légendes. Les horreurs de la Grande Guerre ont failli effacer définitivement ces élans fraternels de l'Histoire. Pourtant, de nombreuses lettres et photographies allemandes, britanniques ou françaises témoignent de la véracité de ces faits. Au fond de l'abîme de la Grande Guerre, une lueur d'humanité a bel et bien été allumée. Cette étincelle a inspiré le caporal Louis Barthas, qui l'a résumée ainsi dans ses carnets : « Le sort d'hommes qu'une longue communauté de souffrances et de dangers a rapprochés par la force irrésistible d'un instinct de la nature humaine. »

Épilogue

François Guilhem a 28 ans lorsqu'il assiste, dans la nuit glaciale du 24 décembre 1914, à une trêve improvisée. Après des débuts sur le front d'Alsace, le fantassin originaire de Toulouse est transféré en Artois. Blessé par balle au crâne en mai 1915, il est mis hors de combat. Il espère retourner à la vie civile, mais est forcé de retourner au front en septembre de la même année. Il participe à l'offensive de Champagne. « Nous crevons de faim et de soif », écrit-il à sa femme le mois suivant. En juillet 1916, François est jeté dans l'enfer de Verdun. Peu de temps après, le soldat est porté disparu. Blessé et retrouvé par l'ennemi, il est soigné à Ulm, en Allemagne. Une fois guéri, il est assigné à des travaux agricoles forcés chez l'ennemi jusqu'à la fin de la guerre.

Les lettres que François Guilhem a écrites à sa femme constituent aujourd'hui, tout comme les millions d'autres courriers envoyés par les soldats, un précieux témoignage de la Grande Guerre.

Mais à l'époque, peu se sont exprimés aussi directement contre la guerre. La grande majorité des Français ont fait la guerre par devoir : le pays était en partie envahi par l'ennemi. De plus, le sentiment de haine envers les Allemands était très fort. D'ailleurs, les trêves de Noël ont été avant tout observées par les Britanniques dont le territoire n'avait pas été attaqué, et qui étaient plus attachés aux traditions que les Français.

CHAPITRE IV

LE PILOTE ALLEMAND QUI A SAUVÉ UN BOMBARDIER AMÉRICAIN AU PÉRIL DE SA VIE

—

Le 20 décembre 1943, Franz Stigler, un as du ciel de la Luftwaffe, s'apprête à abattre un bombardier américain gravement endommagé. Pourtant, l'homme prend une décision inattendue : épargner l'ennemi et l'escorter jusqu'en zone sûre.

CONTEXTE HISTORIQUE

—

Qu'ils aient pour objectif de détruire les installations industrielles et militaires, les infrastructures routières et ferroviaires, ou encore de semer la terreur auprès des populations civiles, les bombardements aériens sont un élément important de la Seconde Guerre mondiale. Dès les prémices du conflit, notamment à Guernica en Espagne en avril 1937, les raids aériens font partie des stratégies employées pour écraser l'ennemi. En 1939, la Luftwaffe n'hésite pas à bombarder Varsovie ou Rotterdam pour accélérer la capitulation de ses adversaires.

À partir de 1940, la Royal Air Force pilonne des chantiers navals et ports militaires allemands. En février 1942, le gouvernement britannique adopte une directive qui ordonne le bombardement de villes entières, dans le but de ralentir la production industrielle du Reich et de saper le moral de la population. Les frappes de précision se transforment ainsi en larges campagnes de destruction et de nombreuses cités sont réduites à néant.

Lorsque les États-Unis entrent en guerre, dans le ciel, les B-17 américains se joignent aux Lancaster britanniques. Lors d'un raid aérien, des centaines d'appareils de la Royal Air Force et de l'US Air Force larguent des milliers de tonnes d'obus, conventionnels ou incendiaires, au-dessus des villes du Troisième Reich. Surnommés les « forteresses volantes », les bombardiers B-17 sont manœuvrés par des équipages de dix militaires. Revêtus d'épaisses plaques de blindage en métal, hérissés de canons de défense et munis d'une soute pouvant contenir plusieurs tonnes d'explosifs, les monstres d'acier sèment la mort dans leur sillage.

Entre 1943 et 1945, près d'un million et demi de tonnes de bombes s'abattent sur le sol allemand. De nombreuses villes sont détruites à plus de 50 %, des centaines de milliers de civils périssent et plusieurs millions se retrouvent sans domicile. Dans certaines agglomérations, on entasse les dépouilles et on brûle les charniers pour éviter les épidémies. Les villes françaises ne sont pas épargnées par les raids alliés destructeurs. Dès l'adoption de la directive anglaise, l'usine de Renault-Billancourt, aux portes de Paris, est pilonnée par la Royal Air Force, dans un bombardement sans précédent.

Malgré des campagnes intensives de bombardement, la production industrielle allemande augmente tout au long de la Seconde Guerre mondiale. La stratégie de bombardement de zone, qui consiste à raser de vastes superficies urbaines, est contestée durant toute la durée du conflit, et son efficacité reste aujourd'hui encore largement débattue.

Dans la matinée du 20 décembre 1943, un B-17 piloté par le jeune Charlie Brown décolle d'Angleterre et fait route vers Brême en Allemagne. La formation d'avions a pour objectif de détruire une usine de production de chasseurs-bombardiers du Troisième Reich.

Ye Olde Pub

Le puissant vrombissement des moteurs fait trembler la carlingue d'acier du bombardier américain. *Ye Olde Pub* fend l'air entouré de centaines d'autres appareils de l'US Air Force. La formation, qui vient de traverser la mer du Nord, se dirige vers la ville de Brême en Allemagne. Sanglé dans son siège, les mains agrippées au manche et le casque rivé sur les oreilles, Charlie Brown scrute la mosaïque grise et verdâtre du paysage qui se dessine huit mille mètres plus bas. Le pilote du bombardier B-17 interpelle son équipage :

– On est au-dessus de l'Allemagne, les gars !

En cette fin de matinée du 20 décembre 1943, le ciel est dégagé. Charlie Brown observe fébrilement l'horizon, à la recherche du moindre indice. Les chasseurs allemands ne devraient pas tarder à surgir. L'homme peine à cacher son appréhension. Et pour cause ! Âgé d'à peine 21 ans, il effectue son premier vol d'opération.

À l'intérieur du cockpit, les gouttelettes d'eau se sont transformées en givre. Il neige dans l'habitacle. Le copilote, emmitouflé dans un épais manteau de cuir rembourré, a les yeux rivés sur les cadrans et les jauges du tableau de bord. En contrebas, le navigateur, appuyé contre la paroi panoramique du nez de l'appareil, observe le ballet de villages, routes, champs et lignes de chemin de fer. L'objectif ne devrait pas tarder à apparaître.

Soudain, une violente secousse ébranle l'appareil. Les Flak, canons antiaériens de l'armée allemande, viennent de faire feu ! Le ciel se constelle de petits nuages noirs et les projectiles explosent de part et d'autre de la formation de bombardiers américains. Une salve pourfend *Ye Olde Pub* et le crible de toutes parts. Le nez en Plexiglas se brise en mille morceaux et une épaisse fumée noire s'échappe de deux des quatre moteurs du B-17.

– On est touchés ! hurle un des membres de l'équipage dans la radio.

L'air glacial s'engouffre à travers la carlingue trouée et saisit Charlie Brown. À cette altitude, il fait - 60 °C et l'oxygène se raréfie. Transi, tétanisé, le jeune homme se ressaisit néanmoins et maintient le cap. Pas question de faire demi-tour si près du but !

Raid aérien américain de forteresses volantes au-dessus de complexes industriels allemands en décembre 1944.

Enfin, la banlieue de Brême se profile et l'appareil survole bientôt l'usine de production d'avions de chasse. L'objectif en vue, le navigateur ordonne de larguer les bombes. La soute de l'appareil s'ouvre, le chapelet d'obus se détache et plonge à pleine vitesse vers sa cible. Une série de puissantes explosions retentit, quelques instants plus tard. Délesté de son chargement, le B-17 peut désormais rallier la base de Kimbolton en Angleterre, à une distance de six cents kilomètres. Gravement endommagé, *Ye Olde Pub* perd de la vitesse et de l'altitude. Mais le pire reste à venir !

Au loin, une nuée de chasseurs allemands, bien décidés à détruire les bombardiers, se dirige droit sur la formation américaine. Aussitôt, une grêle de balles s'abat sur l'avion, déchiquetant son fuselage. Un mitrailleur est décapité sur le coup et d'autres membres de l'équipage sont blessés. La radio interne est pulvérisée, et la plupart des canons enrayés par le froid mordant. Les salves de l'ennemi se succèdent pendant dix interminables minutes. Charlie Brown lutte contre le manque d'oxygène et sombre bientôt dans l'inconscience. L'aéronef pique alors du nez et tombe en spirale. Face à la chute infernale de l'appareil, les chasseurs allemands font demi-tour, convaincus que leur mission est accomplie.

L'as du ciel

7 000, 6 000, 5 000, 4 000 mètres… L'altimètre s'emballe et dégringole à une vitesse vertigineuse. Tout à coup, Charlie Brown reprend connaissance. Le sol se rapproche dangereusement. Le pilote prend une grande inspiration, s'enfonce brusquement dans son siège et tire de toutes ses forces sur le manche de l'appareil. Dans une dernière tentative désespérée, Brown s'accroche aux commandes. Il en va de sa vie ! Miracle ! À moins de mille mètres d'altitude, *in extremis*, il parvient à redresser son avion et à reprendre le vol. L'équipage tout entier vient de frôler la mort.

Charlie Brown pousse un soupir de soulagement. Le répit est néanmoins de courte durée : le profil menaçant d'un Messerschmitt Bf 109 se profile au loin. Floqué de la Croix de fer et de la croix gammée, le chasseur de la Luftwaffe se place dans le sillage du B-17. Aux commandes de l'avion allemand, Franz Stigler, véritable as du ciel, positionne son viseur, le doigt sur la gâchette. L'homme de 28 ans, qui a déjà remporté près de vingt victoires aériennes, est bien décidé à accrocher une nouvelle médaille à son veston. Contre toute attente, aucun tir ne retentit. Un détail intrigue l'aviateur ennemi : les tourelles de la forteresse volante sont pointées vers le sol et la carlingue du bombardier est criblée d'impacts. Chaque plaque de métal est percée de toutes parts. Comme un corps écorché qui laisse entrevoir les os, Stigler a sous les yeux le squelette métallique de l'appareil. Comment ce tas de ferraille peut-il encore voler ? L'as du ciel n'en revient pas ! Alors qu'il décale son Messerschmitt et vient se positionner au niveau de l'aile droite du B-17, le pilote allemand observe l'intérieur de l'avion et distingue l'équipage. Un des soldats est mort, le second, visiblement gravement blessé à la jambe. Quant au reste de l'équipage américain, il a l'air horrifié. Parvenu à la hauteur de Charlie Brown, il tourne la tête vers le pilote ennemi, et un instant leurs regards se croisent. Comme un éclair fulgurant, les paroles de son instructeur surgissent de la mémoire de Stigler :

> « *Si je te vois ou si j'apprends que tu as tiré sur un homme en parachute, je te descendrai moi-même. Bats-toi selon les règles, si tu veux garder une part d'humanité.* »

Ce bombardier est aussi inoffensif qu'un homme en parachute. Hors de question de l'abattre lâchement !

Charlie Brown (en bas à gauche) et l'équipage du B-17 Ye Olde Pub.

Sauvés par l'ennemi

Dans le cockpit du B-17, Charlie Brown ferme les yeux.

– Nom de Dieu, c'est la fin, murmure le jeune homme.

Le temps défile. Aucune détonation, aucune salve de mitrailleuse, seul le bruit assourdissant des moteurs. Lorsqu'il rouvre les yeux, son adversaire est toujours là. Il gesticule d'une manière étrange. Charlie Brown réalise brusquement l'inconcevable : l'ennemi tente de communiquer avec lui. De son côté, Franz Stigler s'agite :

– Descendez ! leur crie-t-il en montrant le sol.

En vain.

– Suède ! Suède ! s'époumone l'Allemand dans le cockpit de son Messerschmitt.

Hagard, l'Américain s'interroge. Il n'y comprend rien. Comment pourrait-il s'imaginer que l'ennemi tente tout simplement de lui sauver la vie ? La Suède a en effet adopté une politique de neutralité dans le conflit.

Les secondes s'écoulent, interminables, et le B-17, qui n'a pas changé de cap, s'approche inexorablement du mur de l'Atlantique, la ligne fortifiée allemande qui ceinture l'ouest du continent. À son altitude, *Ye Olde Pub* n'a aucune chance de survivre face à l'armada de canons antiaériens du Troisième Reich.

– Quels idiots ! enrage Stigler.

Le dilemme est sans appel. S'il s'éloigne du bombardier, les Américains se feront réduire en miettes par l'artillerie allemande. L'as du ciel prend alors la décision la plus audacieuse de sa vie : il accompagnera le B-17 jusqu'à la mer du Nord.

Batterie de Longues-sur-Mer entre les plages d'Omaha Beach et de Gold Beach.

Au sol, les soldats allemands observent, incrédules, les deux aéronefs ennemis qui volent à l'unisson. Escorté par son ange gardien, le bombardier est ainsi épargné par le feu des Flak, et survole les lignes de défense ennemies sans déclencher un seul tir. Une fois au-dessus de la mer du Nord, Franz Stigler jette un dernier regard au cockpit américain. Il salue Charlie Brown, avant de basculer et de faire demi-tour. L'équipage américain commence seulement à réaliser que l'aviateur allemand vient de leur sauver la vie. Le B-17, aux allures de cercueil volant, parvient miraculeusement à traverser la mer et à rejoindre l'Angleterre.

TOM PAINE
Tyranny, like Hell,
easily Conquered!

De retour au sol, l'équipage est accueilli par les militaires de l'US Air Force. Charlie Brown est conduit dans le bureau d'un officier supérieur. Le pilote n'épargne aucun détail de son incroyable périple : la carlingue éventrée par les balles ennemies, la chute infernale et, enfin, son mystérieux sauveur. Embarrassé, le commandement aérien allié décide de classer l'affaire top secret et ordonne à l'équipage de ne jamais divulguer cette journée de décembre 1943. Résigné, Charlie Brown se rend à l'évidence : en pleine guerre, on peut difficilement concevoir qu'un pilote allemand fasse preuve d'humanité.

> « *Quelqu'un avait décidé qu'on ne pouvait pas être humain et être à bord d'un cockpit allemand.* »

NOTE HISTORIQUE

—

L'acte chevaleresque de Franz Stigler aurait pu lui coûter la vie. Bien conscient de la gravité des faits, le pilote allemand rejoint fébrilement sa base aérienne. L'homme se prépare à être questionné par sa hiérarchie pour répondre d'un acte qui, en temps de guerre, est considéré comme une trahison. Pour le camoufler, Franz Stigler étoffe un scénario dans lequel le B-17 s'est abîmé en mer avant qu'il n'ait eu le temps de l'abattre. Par bonheur, l'as du ciel ne sera jamais interrogé. Dans le cas contraire, Franz Stigler aurait risqué la cour martiale, voire le peloton d'exécution.

UN BOMBARDIER B-17 ENDOMMAGÉ DE RETOUR SUR SA BASE AÉRIENNE.

Rassemblement de vétérans sur une base aérienne aux États-Unis.

Quarante-trois ans plus tard

Sur le tarmac de la base aérienne de Maxwell en Alabama, l'audience est rassemblée autour du vénérable pilote de la Seconde Guerre mondiale. Le vétéran aux cheveux grisonnants a troqué son uniforme contre des lunettes teintées de jaune, un pantalon taille haute et une chemise aux manches retroussées. Un homme interpelle l'ancien pilote et lui demande de relater sa meilleure anecdote de guerre. Sourire aux lèvres, le vétéran s'exclame d'un air malicieux :

– Vous n'allez jamais me croire, mais, un jour, j'ai été salué dans les airs par un pilote allemand !

Charlie Brown s'éclaircit la voix et raconte, pour la première fois depuis quarante-trois ans, son incroyable rencontre dans le ciel d'Allemagne. Peu à peu, les détails lui reviennent et Brown rend hommage à cet inconnu qui lui a sauvé la vie. Incrédule, un homme lui rétorque :

– Vous devriez le rechercher ! Il pourrait être toujours en vie !

Charlie Brown sourit, amusé. Comment pourrait-il retrouver un pilote ennemi croisé quarante-trois ans plus tôt pendant une dizaine de minutes, et avec qui il n'a jamais échangé un seul mot ?

Les années passent et la question, de prime abord anodine, se mue en véritable obsession. Installé en Floride, l'aviateur retraité cherche en vain les traces de son mystérieux sauveur, hanté par le souvenir de leur rencontre. Pendant quatre ans, il explore sans relâche les archives de l'US Air Force, de la Royal Air Force et de la Luftwaffe. Il n'hésite pas à faire jouer ses relations et à retrouver ses anciens supérieurs pour glaner la moindre information qui pourrait le mettre sur la piste du pilote. Malgré tous ses efforts, l'homme reste introuvable.

Un petit matin, Charlie Brown apprend cependant l'existence du Jägerblatt, le journal officiel des pilotes de la Luftwaffe. L'Américain écrit à la rédaction et relate cette matinée de décembre 1943 au cours de laquelle un chasseur allemand et un bombardier américain ont volé côte à côte sans hostilité. Il ajoute son adresse postale, au cas où il y aurait un témoin éventuel. Une dernière bouteille à la mer…

« Ça en valait la peine »

En ce mois de janvier 1990, la banlieue de Vancouver affronte un rude hiver. Le vieil homme sort de sa maison et se dirige lentement vers sa boîte aux lettres. Un sourire illumine son visage, le nouveau numéro du *Jägerblatt* lui est enfin parvenu d'Allemagne ! Impatient de consulter la revue, le vétéran allemand se précipite dans son salon. La pièce est encombrée d'un amas de décorations. Parmi des horloges à coucou, des peintures de paysages montagneux et des gravures sur bois trônent les trophées et les photos témoignant de son ancienne carrière d'aviateur. Le vétéran allemand, qui a refait sa vie au Canada, parcourt avec plaisir les pages du journal, à la recherche de souvenirs d'un passé révolu. L'homme à l'allure robuste, au visage carré, aux joues tombantes et au crâne affublé d'une cicatrice de guerre est confortablement installé dans son fauteuil. Il consulte la section nécrologie à la recherche de vieilles connaissances, quand soudain il se lève, manquant de renverser son siège. Il hèle sa femme :

– C'est lui ! C'est lui ! Celui que je n'ai pas abattu !

U.S.
U.S.

Franz Stigler vient de découvrir l'annonce de Charlie Brown. Sans attendre, il se précipite sur sa machine à écrire, glisse une feuille dans le rouleau et martèle frénétiquement les touches.

> *« Cher Charles,*
> *Toutes ces années, je me suis demandé ce qui était arrivé à ce B-17. S'en était-il sorti ou pas ?*
> *Je suis heureux que vous en soyez sorti vivant, ça en valait la peine. »*

La lettre dactylographiée est aussitôt mise sous pli et postée pour la Floride, aux États-Unis. Cinq jours plus tard, le téléphone retentit dans le bureau de Franz Stigler.

– Êtes-vous bien M. Franz Stigler ? demande une voix embarrassée.
– *Ja !* répond Stigler.
– Le Franz Stigler qui a participé à la Seconde Guerre mondiale ?
– … *Ja,* confirme l'Allemand, hésitant.
– Franz, je crois que nous devons discuter. C'est Charlie Brown à l'appareil.

Charlie Brown (à gauche) et Franz Stigler (à droite) se retrouvent plus de quarante-cinq ans après la guerre.

La conversation qui s'engage entre les deux hommes a des airs d'interrogatoire. Méfiant, Brown questionne son interlocuteur. L'ancien militaire veut s'assurer qu'il ne s'agit pas d'une supercherie. Franz Stigler livre alors le récit du 20 décembre 1943 dans les moindres détails. Il mentionne même de nombreux éléments qui s'étaient effacés de la mémoire de l'Américain. Aucun doute là-dessus. L'homme de l'autre côté du combiné est celui à qui il doit la vie. Une vive émotion l'étreint.

Franz Stigler (à gauche) et Charlie Brown (à droite) lors d'une partie de pêche.

Amis pour la vie

Le hall d'accueil du luxueux hôtel de Seattle est plutôt calme en cette fin de matinée du 21 juin 1990. Franz Stigler est accoudé au bureau en acajou de la réception. Vêtu de son plus beau costume, l'Allemand s'annonce à la réceptionniste avec son accent tranchant.

– Êtes-vous le célèbre as du ciel allemand ? rétorque avec amusement la jeune femme.

Le regard du vétéran s'illumine.

À quelques pas de là, les portes de l'ascenseur s'ouvrent : Charlie Brown apparaît. Près de cinquante ans après s'être croisés dans les airs, Franz Stigler et Charlie Brown se retrouvent enfin, sur la terre ferme cette fois ! Au premier regard, les deux hommes se précipitent l'un vers l'autre, s'étreignent et fondent en larmes. Pendant les deux jours qui suivent, Charlie Brown et Franz Stigler rattrapent un demi-siècle. Comme deux bons copains qui s'étaient perdus de vue, l'Américain et l'Allemand partagent leurs vieux souvenirs et se racontent leur vie.

Au cours des dix-huit années qui suivent, les deux pilotes nouent une amitié indéfectible. Ensemble, ils parcourent le continent américain et relatent leur histoire dans des écoles, au cours de conférences ou lors de réunions de vétérans. Leur complicité s'exprime également devant les caméras, lors des nombreuses interviews qu'ils livrent à la télévision. Charlie Brown organise une surprise à son ami et rassemble plusieurs membres de l'équipage de *Ye Olde Pub*. Les vétérans remercient leur ancien adversaire. En choisissant de les épargner, Franz Stigler leur a permis de voir grandir leurs enfants et de connaître leurs petits-enfants.

Ironie du sort, Franz Stigler et Charlie Brown s'éteignent tous les deux la même année, en 2008, à quelques mois d'intervalle. Sur la page intérieure de couverture d'un livre qu'il avait offert à Charlie Brown, Franz Stigler avait écrit :

> *« En 1940, j'ai perdu mon unique frère [...]*
> *Le 20 décembre [1943], cinq jours avant Noël, j'ai eu la chance de sauver un bombardier B-17 de la destruction. Un avion si endommagé que c'était un miracle qu'il vole encore.*
> *Son pilote, Charlie Brown, est pour moi aussi précieux que l'était mon frère. »*

CHAPITRE V

L'HOMME QUI A SAUVÉ LE MONDE DE LA DESTRUCTION NUCLÉAIRE

Le 27 octobre 1962, en pleine crise des missiles de Cuba, un sous-marin soviétique est pris en chasse par la flotte américaine. Le commandant du submersible donne l'ordre de tirer la torpille nucléaire. Un homme va s'y opposer. Par son courage, il va sauver le monde d'un conflit nucléaire planétaire.

CONTEXTE HISTORIQUE

—

Juste après la fin de la Seconde Guerre mondiale, le bloc de l'Ouest, sous l'égide des États-Unis, et le bloc de l'Est, formé par l'URSS et ses États satellites, s'affrontent. Le conflit, à la fois géopolitique, idéologique et économique, est marqué par une course effrénée aux armements nucléaires entre les deux superpuissances.

Les tensions atteignent leur paroxysme lors de la crise des missiles de Cuba en octobre 1962. Trois ans plus tôt, Fidel Castro a pris le pouvoir à La Havane. Afin de s'émanciper de la domination des États-Unis, l'homme d'État a nationalisé des entreprises américaines de l'île. En avril 1961, un débarquement d'anticastristes, orchestré par la CIA, dans la « baie des Cochons » tourne au fiasco. Cet événement convainc Fidel Castro de se rapprocher de l'URSS. En décembre 1961, Cuba devient officiellement le premier État communiste sur le continent américain.

Au printemps 1962, Khrouchtchev, le premier secrétaire du parti communiste de l'Union soviétique, décide de l'opération secrète « Anadyr ». Il s'agit d'acheminer 50 000 soldats, quatre sous-marins d'attaque et des cargos vers Cuba. Des dizaines de missiles nucléaires sont dissimulés sous des bâches ou cachés dans la soute de navires, sous couvert de transport de matériel agricole.

Khrouchtchev veut rétablir l'équilibre entre les potentiels nucléaires des deux superpuissances. En toute discrétion, des missiles soviétiques sont installés sur des sites cubains pour être pointés vers les États-Unis.

Le 14 octobre de la même année, un avion espion américain U-2 photographie ces fusées nucléaires. C'est le début de la crise des missiles de Cuba. John F. Kennedy, président des États-Unis, met en place un blocus autour de Cuba afin d'empêcher les Soviétiques d'y expédier d'autres missiles. Une importante armada, composée de porte-avions, de destroyers et d'avions, est déployée dans l'océan Atlantique. Pendant treize jours, le monde semble s'arrêter, suspendu au dénouement de la crise. Une guerre atomique est imminente.

Un moment tenu secret pendant quarante ans a failli faire basculer le monde dans le cataclysme nucléaire. Le 27 octobre 1962, le sous-marin d'attaque soviétique B-59 est repéré, puis pris en étau par la flotte de l'US Navy. Acculé, le capitaine du submersible pris en chasse ordonne de tirer une torpille dotée d'une ogive nucléaire. Contre toute attente, un homme d'un calme olympien va s'opposer à l'ordre du commandement de bord. Vassili Arkhipov, officier soviétique de 36 ans, va sauver le monde de la destruction nucléaire.

1er octobre 1962, « arme spéciale »

Une légère brise balaie la végétation rousse de la toundra autour de la baie de Kola, aux confins du cercle polaire. Le long des quais du complexe militaire secret de Poliarny, la masse noire des quatre sous-marins soviétiques assombrit le bleu profond de l'océan Arctique. Autour des bâtiments de guerre, les marins s'affairent dans l'agitation qui précède les grands départs. Les soldats embarquent les dernières caisses de vivres et de matériel nécessaires à l'expédition. Un homme élancé au visage anguleux s'avance seul, le pas décidé, vers un sous-marin d'attaque. Vêtu de son uniforme noir d'officier, casquette vissée sur la tête, le sous-marinier vétéran emprunte calmement la rampe métallique qui mène au submersible. Vassili Arkhipov, commandant de la flottille et commandant en second du sous-marin B-59, s'engouffre dans les entrailles du monstre d'acier par le kiosque, la tourelle centrale du bâtiment. Il quitte la surface de la terre pour un tout autre univers.

La base militaire secrète de Poliarny dans le nord de la Russie occidentale, à l'intérieur du cercle polaire. Depuis les années 1940, les sous-marins de la flotte du Nord mouillent dans cette base.

Vassili Arkhipov, jeune officier de la marine soviétique.

Arkhipov descend l'escalier d'acier et traverse la coursive encombrée. Le couloir principal baigne dans la lumière jaunâtre des éclairages artificiels. Un enchevêtrement inextricable de tuyaux longe les parois parsemées d'innombrables jauges, boutons, compteurs et valves. L'homme connaît le bâtiment par cœur. Périscope, poste de commandes, ballasts, salle des machines ou encore silo à torpilles, il se sent ici comme chez lui. Les soixante-dix membres d'équipage se bousculent dans les étroits passages du navire. Aucun d'eux ne connaît la destination ou la mission pour laquelle ils ont été appelés. Ces informations ont été classées top secret par le haut commandement de l'amirauté soviétique. Elles ont été scellées dans une enveloppe remise en main propre au capitaine. Afin de ne laisser aucun indice, des cartes des mers du monde entier ont été embarquées à bord.

Vassili Arkhipov pénètre dans sa minuscule cabine et s'installe à son bureau. L'homme affiche une détermination à toute épreuve. Pourtant, la mission que Moscou lui a confiée et la responsabilité qui lui incombe sont inédites. Le commandant a reçu l'ordre de diriger la flotte de quatre sous-marins soviétiques vers Cuba, une île située dans la mer des Caraïbes à 10 000 kilomètres de là. L'Union soviétique voit en son nouvel allié communiste un endroit stratégique inespéré pour installer une partie de son arsenal de guerre. Les quatre submersibles doivent prendre attache dans les eaux chaudes des Caraïbes. Pour parer à toute menace, les entrailles du monstre d'acier cachent une arme secrète. La torpille, surnommée pudiquement « arme spéciale », contient une tête nucléaire de 10 kilotonnes, une puissance analogue à la bombe atomique larguée sur Hiroshima le 6 août 1945. Seule une poignée d'officiers, dont Arkhipov, a connaissance de l'existence de cette arme. En cas d'attaque par des navires ennemis ou sur ordre de Moscou, le sous-marin a l'autorisation de déclencher le feu nucléaire. Arkhipov a conscience qu'un tel geste peut changer à tout jamais la face du monde.

En fin de journée, l'ordre est donné de quitter le port. Le vacarme assourdissant des moteurs Diesel des submersibles déchire le silence de la baie de Kola. Les ombres noires des quatre monstres d'acier défilent à l'embouchure du fjord, puis disparaissent dans les profondeurs de la mer de Barents. Une fois sous l'eau, Arkhipov réunit les commandants du navire dans une pièce exiguë. Le capitaine Savitsky ouvre l'enveloppe contenant les ordres et en sort plusieurs documents. Il se penche sur les feuillets, les consulte attentivement, puis se lève et saisit le micro. Dans tout le B-59, la voix du capitaine résonne, entrecoupée par quelques légers grésillements. L'air solennel, le gradé annonce :

– Camarades, nous faisons partie d'une mission spéciale. La 69e brigade de sous-marins d'attaque à longue portée doit faire route le plus rapidement possible vers Mariel, à Cuba, notre nouveau port d'attache. En aucun cas, pendant toute notre traversée de l'Atlantique, nous ne devons être détectés.

NOTE HISTORIQUE

—

Un an plus tôt, Vassili Arkhipov, alors officier dans le sous-marin nucléaire K-19, a été victime d'une terrible catastrophe. En pleine plongée, le système de refroidissement du submersible est tombé en panne et le moteur nucléaire est entré en surchauffe. Dans la précipitation, le commandant du navire a sacrifié des techniciens pour sauver le reste de l'équipage. Sans protections adéquates, les hommes ont détourné les réserves d'eau et d'air du submersible pour refroidir le moteur. L'équipage a été tiré d'affaire au prix d'une forte dose de radiations. Tous les ingénieurs qui avaient été au contact du moteur défectueux sont morts dans les jours qui ont suivi. Le souvenir de ce face-à-face avec l'atome n'a jamais quitté l'esprit de Vassili Arkhipov.

14 octobre 1962, tempête sur l'Atlantique

En ces temps de guerre froide, la route vers Cuba, longue de 10 000 kilomètres, est semée d'embûches et de dangers. Le monde est tendu, le bloc de l'Ouest est à l'affût du moindre mouvement provenant de l'Est. Afin de rester invisible, la flottille s'enfonce dans les profondeurs des océans durant la journée pour ne ressortir que la nuit et recharger ses batteries, limitant ainsi les risques d'être détectée. À bord du B-59, une équipe d'experts de la GRU, le renseignement militaire soviétique, assure la liaison avec Moscou. Dès que le sous-marin émerge, les opérateurs radio s'activent et tendent l'oreille. Chaque jour, les agents transmettent de précieux rapports à Vassili Arkhipov. Les missives couvrent non seulement les conditions météorologiques, mais aussi l'agitation grandissante du monde extérieur.

Vassili Arkhipov, commandant de la flottille de quatre sous-marins qui a pris route pour Cuba.

Le 14 octobre 1962, alors que l'escadrille se trouve au beau milieu de l'Atlantique, une violente tempête vient chahuter les navires. Piégé au cœur de l'ouragan, le B-59, resté en surface pour recharger ses batteries, subit de plein fouet le déchaînement des éléments. Des vagues de plus de cinq mètres s'abattent sur le bâtiment et font trembler la coque entière. Le fracas des flots contre la structure de l'engin résonne autant que des coups de canon. Comme pris dans la gueule d'un gigantesque monstre marin, tour à tour, le submersible tangue, se soulève, s'enfonce sous l'eau, à un rythme infernal. Mais l'équipage reste à son poste. Pour Vassili Arkhipov, cette tempête est une aubaine. Les intempéries et les nuages bas empêchent les avions de reconnaissance américains de survoler le secteur et le risque de croiser un navire ennemi est quasi nul.

En pleine tempête, les enceintes d'écoute du submersible crépitent. Le capitaine a reçu un nouvel ordre de Moscou. Plutôt que de foncer vers Cuba, la flotte doit rejoindre la mer des Sargasses et tenir sa position en attendant des instructions supplémentaires. Les navires ont également pour ordre de se préparer au combat. L'équipage l'ignore, mais il s'agit de leur dernière communication avec Moscou.

22 octobre 1962, la Troisième Guerre mondiale a-t-elle débuté ?

Une semaine après avoir essuyé la tempête, la flotte pénètre dans la mer des Sargasses. Coupée et isolée du reste du monde, l'escadre russe ignore tout des dernières nouvelles. La crise des missiles de Cuba ébranle les superpuissances. La tension entre les blocs de l'Ouest et de l'Est atteint son paroxysme. Le monde entier retient son souffle, sous la menace d'une guerre atomique.

À l'intérieur du submersible B-59, l'équipage poursuit sa route vers l'ouest. Le 22 octobre, Vadim Orlov, responsable de l'unité de spécialistes des transmissions embarquée dans le submersible, informe Vassili Arkhipov d'une nouvelle inquiétante. En parcourant les ondes radio, le lieutenant de la GRU, qui maîtrise parfaitement l'anglais, a intercepté un journal d'information américain. Kennedy a relevé le niveau d'alerte des troupes américaines et doit s'exprimer publiquement dans quelques heures. Le soir même, Arkhipov et le capitaine rejoignent Orlov dans la salle des communications. L'agent de la GRU se tient assis, penché vers le récepteur radio de la pièce. Concentré, il traduit le dernier bulletin d'information. Les deux hommes sont suspendus aux lèvres de l'officier de renseignement alors qu'il leur énumère les mesures annoncées par Kennedy. Cuba est placé sous « quarantaine » stricte à partir du 24 octobre à 10 heures et tous les navires qui font route vers l'île seront interceptés. Kennedy en appelle au premier secrétaire du parti communiste de l'Union soviétique, Nikita Khrouchtchev. Il enjoint à l'URSS de démanteler les missiles déjà présents sur sol cubain.

Depuis la Maison-Blanche, John F. Kennedy signe l'acte de mise en quarantaine de Cuba lors de la crise des missiles.

Une patrouille de l'US Navy survole un cargo soviétique alors qu'il quitte Cuba lors de la crise des missiles.

Dans les heures qui suivent, les États-Unis déploient leurs armes. Les bombardiers B-52 sont chargés d'ogives nucléaires et se tiennent prêts à déclencher le feu atomique sur l'URSS à tout moment. Dans les bases américaines, les missiles intercontinentaux sont armés et parés au lancement. Les sous-marins de l'US Navy prennent la route de l'Atlantique nord, avec dans leur arsenal assez de têtes nucléaires pour anéantir la plupart des villes soviétiques. Le blocus naval est opéré par une flotte impressionnante d'un porte-avions et de vingt-deux destroyers. D'autres groupes aéronavals sillonnent les mers alentour. Une formation constituée d'un porte-avions et de cinq destroyers se trouve dans la mer des Sargasses où navigue le K-59.

Arkhipov, Savitsky et Orlov comprennent que la menace américaine est réelle et que le monde se rapproche dangereusement de l'abîme. Pourtant, cela fait une semaine qu'aucune nouvelle de Moscou n'est parvenue à l'équipage. Comment le premier secrétaire a-t-il pris ces menaces ? A-t-il répondu avec fermeté au président Kennedy ? La Troisième Guerre mondiale a-t-elle débuté ? Sans réponse, livré à lui-même, le B-59 redescend dans les profondeurs de la mer tropicale et plonge vers l'inconnu.

LES NAVIRES AMÉRICAINS
DE LA BASE DE GUANTÁNAMO
SE PRÉPARENT LORS DE LA CRISE
DES MISSILES DE CUBA.

27 octobre 1962, jeu du chat et de la souris

Les étroites coursives du B-59 baignent dans des lumières rouges projetées pour simuler la nuit. Dans sa cabine, Vassili Arkhipov ne parvient pas à trouver le sommeil. La sueur ruisselle le long de son visage tendu. Voilà trois jours que le submersible navigue à plusieurs dizaines de mètres de profondeur, dans les eaux chaudes de la mer des Sargasses. Le navire, conçu pour voguer dans les eaux glacées de l'Arctique, est en surchauffe. Le système de ventilation est tombé en panne. Dans la salle des torpilles, où sont entassés par dizaines les sous-mariniers, afin d'y grappiller quelques heures de sommeil, la température oscille entre 35 et 60 °C. Épuisé, les nerfs à vif, l'équipage du B-59 est obligé de se mouvoir en sous-vêtements pour ne pas succomber à la chaleur. Certains s'évanouissent même à leur poste. Les ressources s'amenuisent dangereusement. L'eau est rationnée à un verre par jour.

Vassili Arkhipov, au sommet du kiosque d'un sous-marin soviétique.

Soudain, un voyant se déclenche dans l'appareil. Les batteries du moteur électrique sont presque épuisées. L'arrivée de l'armada américaine dans la zone a contraint le submersible à naviguer sous le niveau de la mer pour échapper à la vigilance des destroyers et des avions de reconnaissance de l'US Navy. Le capitaine prend la décision de refaire surface pour recharger les batteries de l'appareil et faire rentrer de l'air frais dans l'habitacle. C'est un soulagement pour l'équipage, mais le répit est de courte durée.

À la fin de l'après-midi du 27 octobre, une ombre surprend les quelques sous-mariniers installés au sommet de la tourelle. Un appareil de reconnaissance de l'armée américaine vient de survoler le B-59. Le navire soviétique est détecté, l'alerte générale est déclenchée ! Le bâtiment doit plonger de toute urgence ! Les ballasts se remplissent d'eau trop vite, et l'engin, déséquilibré, coule à pic comme un rocher. En trente secondes, le sous-marin a rejoint les profondeurs.

Panique à bord ! La flotte américaine est désormais à ses trousses. Un porte-avions et des destroyers ont pris en chasse le sous-marin d'attaque soviétique. À chaque minute qui passe, l'écho caractéristique du sonar se fait de plus en plus distinct. Tout à coup, un important « bang » retentit contre la carlingue du submersible. Surpris par la puissance de l'onde sonore, l'opérateur sonar jette son casque devant lui. Le tonnerre se répète sans arrêt. Les appareils de l'US Navy, dotés de leurs sonars dernier cri, pilonnent le B-59. Accablé par la chaleur ambiante, étouffé par le manque d'oxygène, étrillé par le grondement incessant du sonar ennemi, l'équipage sombre dans la confusion. Les esprits s'échauffent et la peur dicte désormais les décisions à bord. Acculé, le capitaine Savitsky s'emporte : La guerre a-t-elle éclaté ? Les Américains sont-ils sur le point de les couler ?

Le sous-marin B-59 surveillé par l'US Navy dans la mer des Sargasses.

27 octobre 1962, la décision qui a sauvé le monde

Dans la soirée, la tension est à son comble lorsque, soudain, cinq explosions secouent le B-59. Les Américains viennent de larguer des charges sous-marines d'entraînement afin de sommer l'ennemi de refaire surface. À bout de forces, le capitaine Savitsky vrille. Le visage rouge, les yeux remplis de colère et les cheveux trempés de sueur, le commandant de bord ordonne d'armer la torpille nucléaire dans son silo.

– La guerre a peut-être déjà commencé à la surface ! hurle un membre d'équipage.

– On va les faire sauter ! On va mourir, mais on va tous les couler ! enrage le capitaine.

Soudain, Savitsky sort une petite clé de sa poche. Il hèle l'officier politique du navire, qui brandit à son tour sa clé. Les deux clés réunies, le missile nucléaire peut être mis à feu. Médusé, Vassili Arkhipov, qui a assisté à la scène depuis le début, s'interpose. Le commandant de la flotte somme le capitaine d'annuler son ordre. Il est hors de question de déclencher « l'arme spéciale ». Le ton monte et une dispute éclate.

C'est au fond de la mer des Sargasses, dans un sous-marin en surchauffe et presque à court de batterie que se joue le destin du monde. Impulsif, Savitsky pense que la Troisième Guerre mondiale a déjà commencé et qu'il est de leur devoir de répliquer. D'un calme olympien, Arkhipov rétorque que, si la guerre avait débuté, les Américains auraient déjà coulé le sous-marin sans aucune difficulté. Arkhipov parvient à raisonner Savitsky. L'ordre est annulé. Le jeune commandant de la flotte vient de sauver le monde de la destruction nucléaire. Si la torpille avait été tirée, elle aurait pu anéantir une partie de la flotte américaine présente, elle aurait pu déclencher une guerre mondiale thermonucléaire et la fin de la civilisation.

Quelques instants plus tard, le sous-marin soviétique B-59 fait finalement surface. La trappe s'ouvre et l'air frais s'engouffre enfin dans le bâtiment. Hagard, l'équipage se hisse à l'extérieur du submersible et découvre les navires de guerre ennemis. Les hommes sont éblouis par les puissants projecteurs de la flotte américaine. Aucun tir n'est échangé. Un groupe de jazz entonne un morceau sur le pont d'un des bateaux.

Khrouchtchev et Kennedy lors d'une rencontre à Vienne en 1961.

Épilogue

Le lendemain de la journée décisive du 27 octobre 1962, le B-59 fait demi-tour, sous bonne escorte américaine. De retour en Union soviétique, l'équipage est accueilli froidement par l'amirauté qui s'exclame : « Vous auriez mieux fait de sombrer avec votre navire ! ». Vassili Arkhipov, qui a pourtant sauvé le monde, est couvert de honte. Il continue néanmoins à gravir les échelons de la marine soviétique et termine sa carrière en 1985, en tant que vice-amiral. Tout au long de sa vie, il préférera taire cette journée qui aurait pu faire basculer le destin de l'humanité. Arkhipov meurt le 19 août 1998, à l'âge de 72 ans.

La crise des missiles de Cuba se dénoue au bout de treize jours. Khrouchtchev annonce le retrait des missiles soviétiques installés à Cuba, en échange de l'engagement américain de ne jamais envahir l'île et de retirer son armement installé en Turquie et en Italie. Après avoir dangereusement frôlé un conflit mondial, les deux pays créent le « téléphone rouge », une ligne de communication directe entre la Maison-Blanche et le Kremlin.

En 2002, lors des commémorations des quarante ans de la crise, des experts russes, américains et cubains se réunissent à La Havane. Lors de ce congrès, auquel assiste Robert McNamara, secrétaire à la Défense de l'époque, les États-Unis apprennent que les fusées déjà installées sur le sol cubain étaient équipées d'ogives nucléaires. Ils découvrent également qu'un homme, dénommé Arkhipov, a sauvé le monde.

Jamais le niveau d'alerte nucléaire n'avait été si élevé que lors de la crise de Cuba. Jamais le monde n'avait été si près de basculer dans l'abîme que ce 27 octobre 1962. L'humilité, le sang-froid et la grandeur de Vassili Arkhipov lui ont permis de prendre la bonne décision à l'instant critique. Une décision qui a changé le cours du monde, bien qu'elle soit restée longtemps dans l'anonymat le plus total.

FIDEL CASTRO, CHEF D'ÉTAT CUBAIN, NÉGOCIE LA RANÇON DE PRISONNIERS APRÈS LE DÉBARQUEMENT DE LA BAIE DES COCHONS EN 1961.

CHAPITRE VI

L'ANCIEN NAZI PIÉGÉ PAR UN JOURNALISTE EN PLEINE INTERVIEW

—

Le 3 février 1972, un journaliste français interroge un homme d'affaires bolivien qu'il suspecte d'être Klaus Barbie, ancien nazi réfugié en Amérique du Sud pour échapper à la justice. Grâce à une incroyable ruse, le reporter parvient à faire tomber le masque de celui qu'on surnommait le « Boucher de Lyon ».

CONTEXTE HISTORIQUE

—

Au terme de la Seconde Guerre mondiale, les Alliés recherchent de nombreux nazis anciens hauts fonctionnaires et membres de la Schutzstaffel (la SS) ou de la Gestapo, afin de les juger. Ces hommes, au cœur des rouages du Troisième Reich, doivent répondre des crimes de guerre dont ils sont accusés. Afin de se soustraire à la justice, ils changent d'identité et quittent l'Europe par des routes secrètes.

Les évasions commencent dès la fin de l'année 1944, lorsque l'évêque autrichien Alois Hudal, sympathisant nazi, obtient l'autorisation de rendre visite aux prisonniers de guerre allemands en Italie. Le haut dignitaire joue de son influence au sein de l'Église pour faire libérer, sous une fausse identité et avec de faux papiers, plusieurs criminels de guerre poursuivis par la justice. Après l'effondrement de l'Allemagne nazie, Hudal aide personnellement de nombreux nazis compromis à quitter l'Europe pour l'Amérique du Sud, via ce qu'on appelle la « route du Vatican ».

Des montagnes du Tyrol autrichien jusqu'à l'embarcadère du port de Gênes en Italie, point de départ pour le Nouveau Monde, les fugitifs sont pris en charge par des ecclésiastiques et leurs complices qui se chargent de les héberger dans des monastères, de leur faire passer les frontières et de les munir de faux papiers d'identité. Dans la confusion de l'après-guerre, la Croix-Rouge ne vérifie pas minutieusement l'identité des centaines de milliers de réfugiés à qui elle délivre des titres de voyage. Parmi eux, se glissent, *incognito*, des nazis sous un nom d'emprunt. Adolf Eichmann, l'une des chevilles ouvrières de la « solution finale », ou Josef Mengele, horrible « médecin » du camp d'Auschwitz, disparaissent par ce biais.

Destination privilégiée de ces hommes : l'Amérique du Sud, et plus particulièrement l'Argentine du président Juan Perón. Le militaire au pouvoir accueille avec complaisance criminels de guerre et anciens dignitaires. Il ne cache pas son intérêt pour les têtes pensantes du Troisième Reich et envoie même des agents pour recruter des scientifiques en Allemagne. Pour les fuyards, le pays est une destination de choix, car l'Argentine possède une communauté germanophone très importante dans laquelle ils n'ont aucun mal à s'intégrer. L'Amérique du Sud n'est cependant pas la seule destination des anciens collaborateurs du régime d'Hitler. Certains débutent leur nouvelle vie au Moyen-Orient ou encore aux États-Unis.

Mais le réseau d'exfiltration le plus actif est celui de Krunoslav Draganović, un prêtre croate, ancien membre des Oustachis, une organisation fasciste à la tête de la Croatie pendant la Seconde Guerre mondiale. Aumônier du camp de concentration de Jasenovac de l'ancienne Croatie fasciste, où des dizaines de milliers de Serbes ainsi que des dizaines de milliers de Juifs ont été exterminés, le religieux s'est reconverti en passeur. Dans les coulisses du séminaire San Girolamo degli Illirici à Rome, Draganović met en place une organisation tentaculaire qui s'étend de l'Autriche à l'Italie. Sa filière s'occupe dans un premier temps d'évacuer les criminels oustachis. La liste des fuyards s'agrandit rapidement et des nazis en cavale font appel aux services du religieux pour s'échapper d'Europe.

En 1951, la France réclame l'extradition de Klaus Barbie, l'ancien chef de la Gestapo de Lyon, qui est devenu informateur pour le CIC, le Counter Intelligence Corps, le contre-espionnage de l'armée américaine (l'ancêtre de la CIA). Plutôt que d'extrader le criminel de guerre, les services secrets américains annoncent qu'ils ont perdu sa trace et l'intègrent dans le réseau d'exfiltration de Draganović, qu'ils surnomment le « bon père ». Ainsi, le 23 mars 1951, Klaus Barbie embarque, sous le nom de Klaus Altmann, dans un bateau à destination de l'Amérique du Sud. Il ne sera retrouvé qu'en 1972.

3 février 1972, l'interview piège de Ladislas de Hoyos

Klaus Altmann, sexagénaire grisonnant au front dégarni, est confortablement installé dans son siège, le dos légèrement voûté. La bouche pincée, le regard perçant, celui qui se présente comme un homme d'affaires bolivien toise son interlocuteur. Face à lui, Ladislas de Hoyos, journaliste français, relit une dernière fois ses notes. Contre toute attente, le grand reporter a obtenu l'autorisation d'interviewer le ressortissant bolivien.

Depuis quelque temps, une rumeur court en effet à propos de Klaus Altmann : il serait Klaus Barbie, un ancien nazi, connu pour avoir été le chef de la Gestapo de Lyon entre 1942 et 1944. Ce criminel, surnommé le « Boucher de Lyon », est responsable de la déportation de plusieurs milliers de Juifs ainsi que de l'arrestation et de la torture de nombreux résistants. Voilà vingt ans qu'il aurait trouvé refuge en Amérique du Sud et, depuis la fin du mois de janvier 1972, Beate Klarsfeld est sur ses talons. L'activiste allemande, qui traque inlassablement les anciens nazis, a obtenu de précieux renseignements de la part du procureur de Munich. En comparant de vieilles photographies de Klaus Barbie et des clichés plus récents de Klaus Altmann, une expertise anthropométrique de l'université de Munich a mis en lumière de nombreuses particularités concordantes. Sourcils, forme du visage, les experts ont pu observer des détails sans équivoque sur les deux photographies. D'autres documents révèlent que les dates de naissance ainsi que les prénoms des enfants de Barbie et d'Altmann sont identiques. Tous ces indices mènent les différents experts allemands à la même conclusion : selon toute vraisemblance, Klaus Barbie et Klaus Altmann ne sont qu'une seule et même personne.

Ladislas de Hoyos, journaliste de télévision français, a démasqué Klaus Barbie le 3 février 1972 lors d'une interview piège.

C'est pour mettre un terme à ce qu'il considère comme un « fâcheux malentendu » que le ministère de l'Intérieur bolivien a accédé à la demande d'interview de Ladislas de Hoyos. Il s'agit en réalité de protéger l'identité du criminel de guerre dont les services sont fort utiles au dictateur au pouvoir. Les conditions de l'entrevue sont drastiques : pas plus de quelques minutes de discussion, une seule langue autorisée, l'espagnol, et des questions validées à l'avance.

Dans le petit bureau du ministère, l'atmosphère est pesante. Les officiers boliviens en uniforme qui entourent Altmann épient les moindres faits et gestes de l'équipe française. Christian Van Ryswick, le caméraman, reçoit enfin l'autorisation et lance l'enregistrement. Tout est prêt, l'interview peut commencer ! De Hoyos débite en espagnol les premières questions approuvées par les autorités. Tout se déroule comme prévu. Klaus Altmann déclare être né le 25 octobre 1915 à Berlin, il nie formellement être Klaus Barbie. Selon ses dires, il est un simple ressortissant allemand qui a obtenu sa nationalité bolivienne depuis plus de vingt ans, et qui mène une vie tout à fait ordinaire. Rien de plus. Le journaliste français se permet une digression et s'adresse à son interlocuteur dans un allemand remarquable :

– Les enfants de Barbie et de sa femme ont les mêmes prénoms et le même âge que les vôtres.

Altmann répond avec un sourire narquois :

– Vous savez, il existe beaucoup de coïncidences de ce genre…

Klaus Altmann reprend, sûr de lui :

– Mon fils s'est marié avec une Française, je n'ai rien contre les Français.

Altmann est formel, tout ceci n'est qu'un terrible malentendu. Ladislas de Hoyos prend alors son courage à deux mains. Sans prévenir et à l'encontre des règles imposées par les officiels du ministère, il demande, cette fois-ci en français :

– N'êtes-vous jamais allé à Lyon ?

À la grande surprise du journaliste, Altmann rétorque sans la moindre hésitation en allemand :

– Je ne suis jamais allé à Lyon.

L'homme a parfaitement compris la question, qui vient de lui être posée dans une langue qu'il n'est pas censé maîtriser. De Hoyos s'engouffre dans la brèche et enchaîne. Il invite Altmann à répéter quelques phrases en français.

– Que voulez-vous que je vous dise en français ? répond calmement Altmann.

– Je n'étais pas à la Gestapo.

Klaus Altmann obtempère.

– Encore une fois ! demande le journaliste.

Altmann s'exécute :

– Je n'étais pas à la Gestapo... Je ne parle pas assez français, je ne peux pas...

– Je ne suis pas un assassin, interrompt le journaliste.

– Je ne suis pas un assassin, bredouille Altmann en français.

– Je n'ai jamais torturé.

– Je n'ai jamais torturé.

– Je ne suis jamais allé à la Gestapo de Lyon.

– Je ne suis jamais allé à la Gestapo de Lyon, répond Altmann après avoir fait répéter la phrase.

– Je ne connais pas Jean Moulin, assène De Hoyos.

– Je ne connais pas Jean... Mo... Molino, bafouille Altmann, disant que c'est ainsi qu'on dit en espagnol.

La tension monte d'un cran dans la pièce. Les hommes du ministère s'agitent. Quelque chose ne tourne pas rond. Confiant, Ladislas de Hoyos n'en reste pas là. Le journaliste français tend de vieilles photographies de Barbie à Altmann.

– J'ai vu ces photos et je trouve que cet homme ne me ressemble pas, s'étonne l'Allemand.

– Vous souvenez-vous un jour avoir rencontré Klaus Barbie ? rétorque De Hoyos avec un brin d'ironie.

– Non, répond sèchement Altmann.

Le journaliste pose les clichés de Barbie et tend de nouvelles photographies. Sur le papier, le portrait de Jean Moulin, célèbre résistant français arrêté et torturé à mort par Klaus Barbie vingt-neuf ans plus tôt. De Hoyos interroge Altmann :

– Avez-vous déjà vu cet homme ?

L'Allemand se saisit des clichés et les regarde avec indifférence.

– Non, j'ai simplement vu cette photo dans un journal parisien... Il y a je ne sais combien d'années. D'après ce que j'ai lu, cet homme serait mort lors d'un voyage en train.

L'Allemand rend les clichés au Français, qui les range avec précaution dans sa veste. Klaus Altmann vient de tomber dans le piège du journaliste. En manipulant les photos, il y a déposé son empreinte digitale. Si Klaus Altmann est bien Klaus Barbie, Ladislas de Hoyos en détient désormais une preuve formelle ! Le grand reporter inspire profondément et, dans le plus grand calme, conclut :

– Monsieur Altmann ou Monsieur Barbie, je ne sais pas, vous avez la conscience tranquille ?

– Oui, complètement. Vous voyez bien, je suis calme, je discute avec vous.

– Avez-vous peur de la mort ?

– Je ne comprends pas pourquoi vous me posez cette question, soupire l'Allemand, qui peine à cacher son exaspération.

Qui pourrait être Klaus ALTMANN

3595447

Janvier 1972

[illegible]

L'entretien prend fin et le ton monte ! Les hommes du ministère bolivien comprennent qu'ils ont été dupés. Par précaution, le caméraman Christian Van Ryswick place les bobines de film dans un petit sac qu'il remet au consul de France présent dans la pièce. Il l'exhorte vivement :

– Tirez-vous, allez à l'ambassade !

Lorsque les officiers boliviens s'approchent du caméraman pour exiger la remise des pièces à conviction, ce dernier obtempère et leur tend deux bobines… vierges.

Avant de quitter la pièce, Ladislas de Hoyos serre la main de Klaus Altmann. Les deux hommes se regardent dans les yeux : Altmann pressent qu'il vient de se faire démasquer. De Hoyos et son caméraman se précipitent à l'ambassade de France, située à quelques centaines de mètres de là. Arrivé sur place, le grand reporter fond en larmes. Sa mission est accomplie !

BARBIE (LYON, 1944)

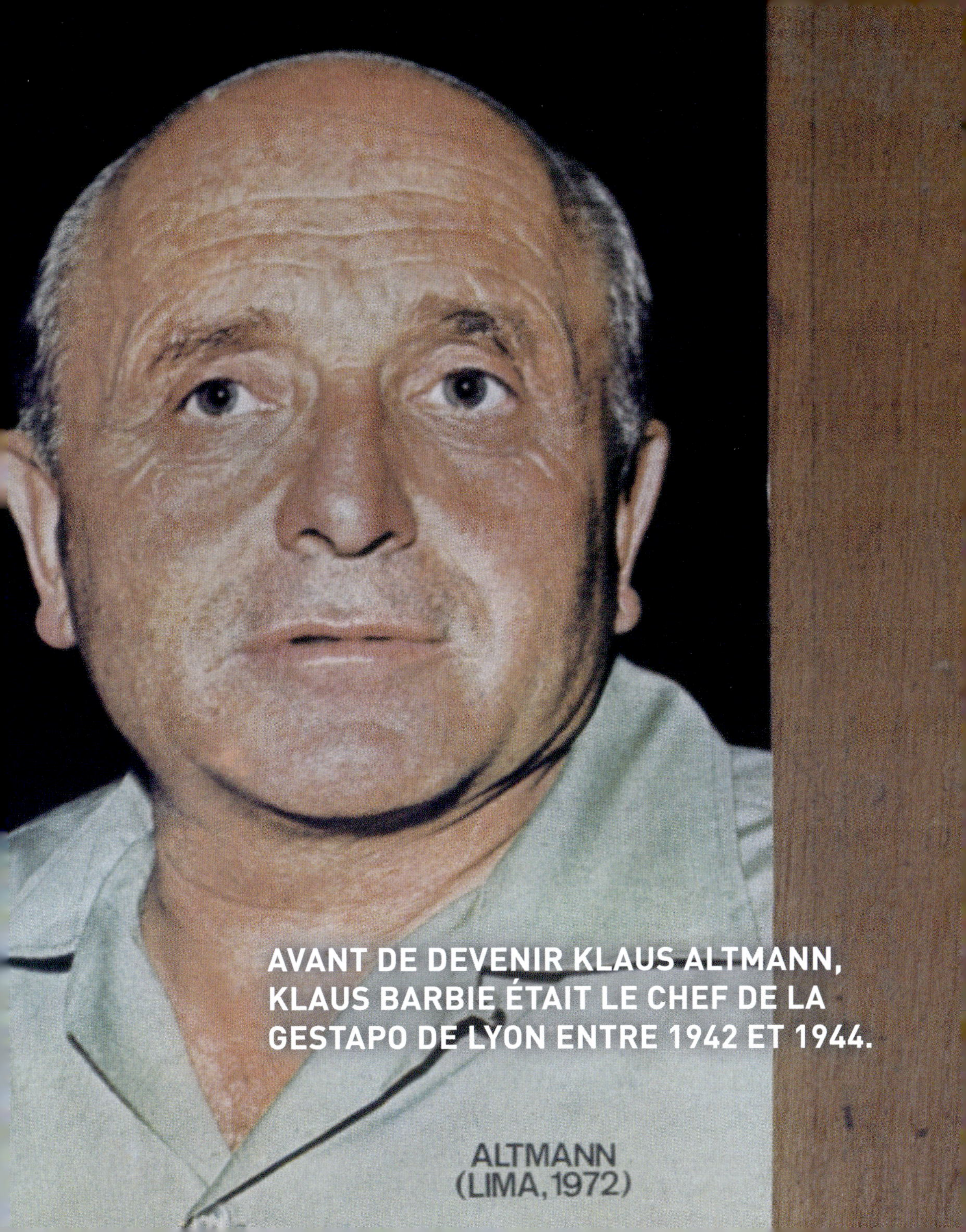

AVANT DE DEVENIR KLAUS ALTMANN, KLAUS BARBIE ÉTAIT LE CHEF DE LA GESTAPO DE LYON ENTRE 1942 ET 1944.

ALTMANN
(LIMA, 1972)

Le « Boucher de Lyon »

En 1942, Klaus Barbie est un jeune SS fanatique qui a gravi les échelons au sein de l'administration du Troisième Reich. Après avoir opéré aux Pays-Bas, il est dépêché en France, où il prend la tête de la Gestapo de Lyon. Le nazi étend rapidement son influence et se taille une réputation. Surnommé le « Boucher de Lyon », l'homme répand la terreur dans la ville. Il rafle des milliers de Juifs et arrête de nombreux résistants. Barbie fait usage de la torture pour extorquer des informations à ses prisonniers. Cruel, froid et sans scrupules, l'homme prend plaisir à martyriser ses détenus dans les lugubres cellules du fort Montluc, une vieille prison du XIXe siècle.

TÉMOIGNAGE

—

Maurice Bourdet, résistant français capturé en 1943 par la Gestapo de Lyon, raconte :

« *J'ai été arrêté à Lyon le 9 juillet 1943 par lui-même et, le soir même, j'ai été transféré à la centrale de la Gestapo lyonnaise. Et, là, j'ai commencé à faire sa connaissance. Il avait un regard d'acier, cruel. Un regard épouvantable. Quand on l'avait vu une fois, on ne pouvait pas l'oublier. C'est un homme qui vous cassait la figure sans aucun scrupule, [mais] qui voulait jouer encore les gentlemen, qui voulait être élégant, ne pas s'abîmer les manchettes quand le sang jaillissait de votre corps [...]. Lorsqu'on avait tourné de l'œil, il vous donnait un coup de pied dans les endroits les plus sensibles du corps et il recommençait. Mais c'était une véritable joie sadique de vous torturer. Ça a duré deux mois [...]. D'un jour sur l'autre, c'était une appréhension de plus en plus grande [...]. Il n'y a pas que Jean Moulin qui en est mort, il y a des quantités qui en sont morts dont on ne parle pas !* »

En juin 1943, Klaus Barbie arrête Jean Moulin, l'unificateur de la Résistance française. Barbie sait que si Moulin parle, toute la Résistance tombe. Le tortionnaire torture sans cesse, mais, malgré les supplices, Jean Moulin ne révèle aucun secret. Le héros de la Résistance meurt quelques jours plus tard sans avoir parlé.

Le 6 avril 1944, Klaus Barbie arrête quarante-quatre enfants juifs dans une colonie de réfugiés à Izieu et les fait monter dans un train destiné à les convoyer à Drancy, au nord-est de Paris, d'où ils seront par la suite déportés à Auschwitz. Il se félicite du succès de l'opération dans un télex qu'il transmet au siège de la Gestapo à Paris. Le 11 août de la même année, alors que les troupes alliées sont aux portes de Lyon, Barbie ordonne le départ d'un dernier train en direction d'Auschwitz. Les six cent cinquante personnes à son bord sont envoyées à la mort. Soucieux de son propre intérêt, le chef SS fuit en Allemagne. Il disparaît dans le chaos qui submerge le pays.

Le 6 avril 1944, sur ordre de Klaus Barbie, quarante-quatre enfants sont arrêtés.
Puis ils ont été déportés au centre de mise à mort d'Auschwitz.

Jean Moulin, héros de la Résistance française. Arrêté et torturé par Klaus Barbie, il meurt en juillet 1943 des suites des blessures infligées par son tortionnaire.

Barbie, employé des services secrets américains

Après la guerre, Klaus Barbie refait surface à Memmingen, une ville située à cent kilomètres au sud-ouest de Munich. Depuis 1945, l'Allemagne en ruine est divisée en quatre zones d'occupation, chacune administrée par l'un des vainqueurs. Le Sud-Ouest du pays est occupé par les Américains. Avec d'anciens membres de la Schutzstaffel, Barbie fonde un réseau clandestin destiné à protéger les SS en fuite. Le groupuscule compte plusieurs dizaines de membres et éveille rapidement les soupçons des services secrets américains qui entreprennent de le démanteler. Un certain Klaus Barbie intrigue cependant les agents du CIC, le contre-espionnage américain. L'homme, intelligent, habile et expérimenté, semble être à la tête du réseau. Au début de l'année 1947, un agent américain approche pour la première fois Barbie. Au fil des rendez-vous, l'agent secret recommande à ses supérieurs de ne pas faire arrêter l'ancien nazi… mais plutôt de l'employer ! Son large réseau de contacts, son expérience passée et sa connaissance pointue des réseaux communistes séduisent l'Américain. Une telle recrue ne doit pas échapper au CIC en ce début de guerre froide. Le quartier général de l'organisation refuse néanmoins la demande et, au contraire, exige l'arrestation de Klaus Barbie.

En avril 1947, Robert Taylor, un autre agent du CIC, rencontre à son tour Klaus Barbie. Il voit en l'ancien chef de la Gestapo l'agent idéal et décide de l'engager, au nez et à la barbe de ses supérieurs. Impressionné par sa nouvelle recrue, Taylor dresse le portrait de l'Allemand : « Un homme honnête, intellectuellement et personnellement, absolument pas craintif ni nerveux. Il est fortement anticommuniste et c'est un nazi idéaliste qui estime avoir été trahi par les nazis au pouvoir ». Alors qu'une partie du CIC est à ses trousses, Klaus Barbie débute ses premières missions d'informateur. Au bout d'un mois, Taylor conseille à ses supérieurs de laisser Barbie en liberté. Dans une note, il se justifie : « Sa valeur comme informateur dépasse infiniment tout ce qu'il pourrait avoir comme utilité en prison. » Après plusieurs mois d'enquête, le CIC approuve le recrutement de l'ancien nazi.

Klaus Barbie est désormais non seulement libre, mais il est officiellement un employé du CIC. Le criminel de guerre bénéficie d'un salaire et d'une couverture, le tout aux frais des Américains. L'informateur peut désormais pénétrer les réseaux soviétiques clandestins de l'Allemagne occupée et espionner l'activité des Français dans la zone qu'ils occupent. L'ancien nazi devient un maillon de la lutte anticommuniste en Allemagne.

À partir de 1949, les accusations de crime de guerre contre Barbie commencent à faire du bruit dans la presse outre-Rhin. Les Français s'indignent de ce que le « Boucher de Lyon » serait employé par les Américains. L'année suivante, la France formule sa première demande d'extradition du criminel de guerre. Klaus Barbie doit être jugé devant un tribunal militaire à Lyon. Mais Barbie est trop précieux aux yeux du CIC pour être livré au gouvernement français. Hors de question de courir le risque de dévoiler les agissements du CIC à l'encontre de la France, et encore moins les opérations du service de renseignement en général !

Rapports, démarches administratives, interventions diplomatiques, les demandes des officiels français s'accumulent et se heurtent toutes à une fin de non-recevoir. Traqués, Barbie et sa famille sont mis à l'abri dans une maison sous protection du CIC. La République française n'en reste pas là et émet un mandat d'arrêt. Pour les services secrets américains, Klaus Barbie devient un allié compromettant. La situation est intenable, l'ancien nazi doit être exfiltré.

Début 1951, face à chaque demande de la France, les autorités américaines sont catégoriques : elles ont perdu toute trace de Klaus Barbie. Le fugitif, présent sur plusieurs listes de criminels de guerre, s'est mystérieusement volatilisé. Mais, en réalité, le CIC planifie depuis plusieurs mois l'évacuation de son protégé. Les agents américains obtiennent un document temporaire de voyage. Klaus Barbie devient Klaus Altmann. Dans le plus grand secret, le « Boucher de Lyon » et sa famille rejoignent Salzbourg en Autriche en train, sous bonne escorte du CIC. De là, ils embarquent dans un nouveau train et rejoignent Gênes, en Italie. Klaus Altmann et sa famille sont accueillis par le prêtre croate fasciste Krunoslav Draganović. Avec la complicité du religieux et moyennant une coquette somme d'argent, Klaus Altmann obtient un passeport provisoire de la Croix-Rouge et un visa pour l'Amérique du Sud.

Surnommé « le bon père », Krunoslav Draganović, un prêtre croate fasciste, a aidé le CIC à exfiltrer Klaus Barbie vers l'Amérique du Sud.

Le *SS Corrientes*, navire à bord duquel Klaus Barbie s'est enfui pour l'Amérique du Sud le 23 mars 1951.

Muni de ses nouveaux papiers, Altmann se présente le 23 mars 1951 à l'embarcadère du port de la ville. Tout est en règle. Le fugitif nazi embarque à bord du navire *SS Corrientes* et quitte le Vieux Continent.

Alors que les Français enragent de voir Klaus Barbie leur filer entre les doigts, le CIC se félicite : « L'opération a été menée à bien sans incident. » Après avoir collaboré pendant plus de trois ans avec les services secrets américains, Klaus Barbie quitte l'Europe l'esprit tranquille et vogue vers l'Amérique du Sud, véritable terre promise pour les anciens criminels de guerre.

L'Amérique du Sud, eldorado des nazis en fuite

Sous le soleil de Bolivie, celui qui se fait maintenant appeler Altmann coule des jours tranquilles. Au milieu de la jungle amazonienne, il dirige une entreprise d'exploitation de bois. Dans la scierie où il passe ses journées, il côtoie Indiens et Juifs, ceux-là mêmes qu'il considérait comme des sous-hommes quelques années plus tôt ! Pourtant, Klaus Altmann n'a rien oublié de son passé. Pour faciliter le décompte des planches de bois, l'ancien nazi marque chaque lot de dix d'une croix gammée tracée à la craie. Les propriétaires juifs de l'exploitation s'étonnent de l'apparition de ces symboles. Furieux, ils questionnent Altmann :

– Êtes-vous nazi ?

Cynique, l'Allemand rétorque :

– Non, non… C'est un très beau symbole, j'aime ce signe.

De l'autre côté de l'Atlantique, le souvenir du « Boucher de Lyon » et de ses exactions reste vif dans les mémoires. Son nom est cité dans de nombreux procès et Barbie est même condamné à mort par contumace à deux reprises pour crimes de guerre, en 1952 et 1954. Le sort que lui réserve la justice française ne trouble néanmoins pas Altmann, qui poursuit son ascension.

Le 3 octobre 1957, Klaus Barbie est, sous sa fausse identité de Klaus Altmann, naturalisé bolivien. À partir de 1964, l'ancien nazi collabore activement avec l'armée bolivienne. Ses macabres compétences acquises lors de ses dix années au sein des SS sont mises au service des dictateurs au pouvoir. L'homme n'a pas changé. Altmann n'a rien perdu de la cruauté, du sadisme et de la violence de Barbie. Pendant les heures les plus sombres de la Bolivie, il crée les « Fiancés de la Mort », un commando paramilitaire composé d'anciens nazis. En lien étroit avec le pouvoir, Altmann traque et torture les opposants au régime.

En 1966, son profil attire les services secrets de l'Allemagne de l'Ouest. Contre rémunération, Klaus Altmann renseigne son ancienne patrie sur les rouages du régime bolivien. L'ex-SS travaille ainsi pendant plus d'un an sous le nom de code *Adler* (« aigle » en allemand). Altmann voyage à plusieurs reprises en Allemagne, et se targue même d'avoir fait escale à Paris.

Mais le citoyen bolivien ne s'arrête pas là. San Francisco, Miami, La Nouvelle-Orléans, Altmann se rend librement aux États-Unis. Le redoutable tortionnaire se double d'un brillant homme d'affaires. Bientôt, le voilà nommé à la tête de la Transmaritima Boliviana, la première compagnie maritime du pays, qui n'a pas d'accès à la mer. À l'aide de sa société, il s'adonne à un trafic nébuleux et commerce librement avec les Américains. Promu au rang de colonel honoraire de l'armée, Klaus Altmann jouit d'une telle notoriété qu'il s'imagine intouchable.

Néanmoins, la nouvelle vie insouciante des anciens nazis hante certains citoyens européens. Beate Klarsfeld est sur la piste du « Boucher de Lyon ». La femme s'est déjà illustrée par plusieurs coups d'éclat et n'a pas hésité, en novembre 1968, à gifler le chancelier Kiesinger, ancien nazi, lors d'un rassemblement politique. Depuis un an, Beate et son mari Serge Klarsfeld ont retrouvé la trace de l'ancien chef de la Gestapo. À l'aide de renseignements locaux et de précieux documents fournis par le procureur de Munich, le couple met en lumière la nouvelle vie du criminel. Fin janvier 1972, l'information fait le tour des médias français qui s'émeuvent une nouvelle fois de l'impunité de Klaus Barbie.

Informés du scoop, le journaliste Ladislas de Hoyos et son équipe embarquent immédiatement pour La Paz. Après quelques jours d'enquête, ils décrochent un entretien exclusif avec Altmann et parviennent à démasquer Klaus Barbie. Les empreintes déposées par Klaus Altmann sur les photographies sont examinées en France. Les traces sont relevées à la poudre d'aluminium, puis étudiées avec minutie. Les experts les comparent avec celles retrouvées sur la demande de visa de Klaus Barbie auprès de la Croix-Rouge de Genève en 1948. Les deux empreintes correspondent, la preuve est irréfutable ! Altmann et Barbie sont une seule et même personne. Le piège du journaliste français a bien fonctionné. Le chef nazi le plus recherché de France est démasqué !

Beate et Serge Klarsfeld, deux activistes qui ont dédié leur vie à la traque d'anciens criminels nazis.

Le 8 février 1972, l'entrevue exclusive de Ladislas de Hoyos est présentée sur la deuxième chaîne de l'ORTF. Sur le plateau de l'émission diffusée en direct, quatre victimes du Bourreau de Lyon témoignent. Quand ils aperçoivent le regard de Klaus Altmann, la même terreur que celle qui les avait envahis trente ans plus tôt les saisit à nouveau. Les quatre témoins n'ont aucun doute sur l'identité du criminel. Simone Lagrange s'exprime ainsi :

– Quand j'ai été arrêtée, j'avais 13 ans. À 13 ans, on se souvient très bien d'un regard....

Sans attendre, le gouvernement français émet une demande d'extradition qui reste sans réponse. En février 1972, le président Georges Pompidou écrit en personne une lettre au dictateur Hugo Banzer. En vain. Klaus Barbie est intouchable.

Klaus Barbie en compagnie d'amis dans la ville bolivienne de Cochabamba en 1970.

Barbie, petit protégé des dictateurs boliviens

En cette fin de matinée d'avril 1973, d'épais nuages gris plombent le ciel de La Paz. À 3 700 mètres d'altitude, l'air est frais, à peine quinze degrés, et le temps s'écoule lentement. Le journaliste brésilien passe la porte du Panóptico de San Pedro, la plus grande prison de la capitale bolivienne. Accompagné d'un photographe, il traverse un long couloir gris sous bonne escorte. Arrivés devant la porte entrouverte d'une cellule, les deux hommes se retrouvent nez à nez avec le détenu. Le visage mal rasé, le teint bronzé, l'homme n'en reste pas moins élégamment vêtu. Col roulé jaune, pantalon marron de bonne coupe et chaussures en daim, le prisonnier à l'accent allemand invite le journaliste à entrer. Klaus Barbie a accepté cette nouvelle entrevue. L'ancien nazi, qui a été démasqué un an plus tôt, et que la France ne parvient pas à faire extrader, est détenu à La Paz pour usurpation d'identité. Barbie mène néanmoins un train de vie princier : réception d'amis, festins, il n'a rien d'un détenu ordinaire. À présent, Barbie ne se cache plus. Il ne renie rien de son passé et de ses idéaux nationaux-socialistes.

– J'étais nazi et je suis nazi. Je suis né en Allemagne, je me suis battu pour cela et je mourrai allemand, clame Barbie avec fierté.

Lorsque le journaliste l'interroge sur ses voyages en Europe, Barbie lance d'un air provocateur :

– Deux fois. En 1966, croyez-le ou non, j'étais en France. Savez-vous ce que j'ai fait ? J'ai apporté des fleurs sur la tombe de Jean Moulin.

– Par regret ou par sarcasme ? demande le journaliste.

– Non. Parce qu'il était mon meilleur ennemi. Le plus difficile. Le plus digne, répond Barbie avec cynisme.

Klaus Barbie est libéré après quelques mois de détention et peut à nouveau déambuler librement dans les rues de La Paz. Le dictateur Banzer maintient la protection du criminel de guerre et ne se soumet à aucune injonction des pays étrangers. Barbie reprend en toute tranquillité ses activités de conseiller du ministre de l'Intérieur. Les troubles agitent la Bolivie, les dictatures se succèdent au pouvoir, et le vent finit enfin par tourner ! En 1982, la dictature militaire s'effondre et la démocratie reprend le pouvoir dans le pays. Cet événement fait vaciller la protection de Barbie.

Le 25 janvier 1983, plus d'une décennie après avoir été démasqué, Klaus Barbie est une deuxième fois arrêté, sous prétexte d'une ancienne dette qu'il n'aurait pas réglée. Le nouveau président, Hernán Siles Zuazo, souhaite se débarrasser de cet hôte pour le moins encombrant. Au terme de négociations, la Bolivie accepte de livrer son ressortissant à la France. Le 4 février 1983, l'ancien nazi se voit signifier son expulsion du territoire bolivien. Klaus Barbie n'est pourtant pas inquiet. Il est persuadé qu'il va être rapatrié en Allemagne.

Klaus Barbie lors de son bref passage
en prison à La Paz en 1973.

5 février 1983, extradition de Klaus Barbie

La porte de l'avion militaire s'ouvre. La touffeur environnante pénètre dans l'appareil. Le détenu entend parler français. Sa mine se décompose : il n'est pas arrivé en Allemagne comme il l'imaginait, mais sur le tarmac de l'aéroport de Cayenne, en Guyane. Face à lui, un DC-8 de la flotte présidentielle l'attend. Sur la piste, le préfet s'approche de Klaus Barbie et lui signifie le chef d'accusation : « Crimes contre l'humanité ». Le « Boucher de Lyon » est désormais officiellement inculpé.

À son arrivée en métropole, il est pris en charge par les forces du GIGN et transféré symboliquement au pénitencier de Montluc à Lyon, la prison dans laquelle il enfermait et torturait ses victimes quarante ans plus tôt. Pendant les quatre ans que dure l'instruction, le criminel de guerre attend son procès dans la prison Saint-Joseph de Lyon.

5 février 1983. Klaus Barbie, caché sous une couverture, est conduit par un agent du ministère bolivien afin d'être livré aux Français.

Klaus Barbie, sous la surveillance d'un gendarme, dans l'avion qui le transporte à Lyon.

NOTE HISTORIQUE

La notion de crimes contre l'humanité a été créée au lendemain de la Seconde Guerre mondiale. Elle est apparue dans les statuts du Tribunal international de Nuremberg où étaient jugés les criminels nazis. En décembre 1964, une loi française a déclaré que ce crime était imprescriptible. C'est sur ce fondement que Klaus Barbie peut être inculpé.

PRISON

À SON ARRIVÉE EN FRANCE LE 5 FÉVRIER 1983, KLAUS BARBIE EST INCARCÉRÉ SYMBOLIQUEMENT DANS LA PRISON MILITAIRE DE MONTLUC, LE LIEU MÊME OÙ IL TORTURAIT SES VICTIMES QUARANTE ANS PLUS TÔT.

11 mai 1987, un procès historique

En cette belle matinée de printemps, la foule se presse sur le parvis de la cour d'assises du palais de justice de Lyon. Sur les nombreux écriteaux qui jalonnent l'escalier, on peut lire « Procès Klaus Barbie : Accès Avocats - Témoins officiels et invités ». La salle des pas-perdus, d'habitude presque vide, est cette fois bondée. Le grand vestibule est la seule pièce du tribunal capable d'accueillir un procès d'une telle ampleur. Le hall d'entrée a été entièrement réagencé pour accueillir accusé, juges, parties civiles et journalistes. Dans le brouhaha ambiant, des dizaines de photographes et cameramen se bousculent, prêts à braquer leurs appareils sur le détenu. Exceptionnellement, l'ouverture de ce procès historique est diffusée en direct à la télévision par une équipe dont fait partie Ladislas de Hoyos. Hors norme, l'événement revêt une ampleur nationale.

Lorsque la sonnerie retentit, le calme retombe dans la salle. Les magistrats, vêtus de leurs traditionnelles robes, s'installent. Le président de la Cour se penche vers le micro et annonce : « Je demande au service d'ordre d'introduire l'accusé. »

Tous les regards se tournent vers le prétoire. Depuis un escalier dérobé, le vieil homme de 73 ans émerge lentement, entouré de deux gardes. Klaus Barbie, le visage émacié, le corps amaigri par la maladie et les mains menottées, s'avance vers son siège. Le regard perçant, un sourire narquois aux lèvres, il s'assied, comme indifférent à l'événement qui se déroule. Les objectifs des caméras se braquent sur le nazi, les appareils photo crépitent. Celui qui faisait régner la terreur à Lyon doit à présent rendre des comptes.

Lucie Aubrac, grande figure de la Résistance, a livré son précieux témoignage lors du procès de Klaus Barbie.

La rafle d'Izieu du 6 avril 1944 et l'assassinat par déportation de quarante-quatre enfants juifs sont le point central de l'affaire. Le télégramme original signé par Barbie racontant « l'exploit » est présenté. Klaus Barbie refuse de prendre en considération la pièce à conviction… au motif qu'elle provient d'une collection juive !

Au bout de deux jours, un événement retentissant frappe le palais de justice. Klaus Barbie quitte la salle. Il refuse d'assister à la suite du procès, il ne fera pas face à ses victimes. Plus de cent témoins sont appelés à la barre pour livrer leurs dépositions. Les langues se délient enfin. Les témoins, souvent très âgés, insistent pour rester debout. Dignement, ils racontent les horribles exactions que le Bourreau leur a fait subir. Dans un silence absolu, la voix de ces hommes et de ces femmes qui se succèdent à la barre résonne étrangement dans la salle. Les témoignages sont bouleversants et l'onde de choc du procès-fleuve est retentissante.

Le 4 juillet 1987, à l'issue de cent quarante-cinq heures de longs débats, Klaus Barbie est condamné à la prison à perpétuité. Le « Boucher de Lyon » est jugé coupable de la rafle, de la déportation et de la mort de nombreux Juifs, en particulier les enfants d'Izieu. À l'annonce du verdict, une grande salve d'applaudissements retentit dans la salle comble. Pour la première fois de son histoire, la France vient de condamner un homme pour crimes contre l'humanité.

Tout au long de son procès, Klaus Barbie n'aura exprimé aucun remords. Après avoir semé la terreur en France et échappé à la justice pendant plus de quatre décennies, le « Boucher de Lyon » meurt en prison le 25 septembre 1991, à l'âge de 77 ans.

CHAPITRE VII

L'HOMME DÉPORTÉ DE SON PLEIN GRÉ DANS LE CAMP DE LA MORT D'AUSCHWITZ

—

En septembre 1940, Witold Pilecki, résistant polonais de 39 ans, se fait déporter à Auschwitz afin d'y organiser une rébellion et de prendre la tête d'une insurrection. Pendant deux ans et sept mois, ce détenu volontaire subit le déchaînement de la haine des nazis avant de parvenir, contre toute attente, à s'échapper du camp de la mort.

CONTEXTE HISTORIQUE

—

Le 1er septembre 1939, l'Allemagne nazie envahit la Pologne. Cet événement provoque, deux jours plus tard, l'entrée en guerre du Royaume-Uni et de la France. C'est le début de la Seconde Guerre mondiale. Dans l'attente d'une aide alliée, l'armée polonaise se défend farouchement contre la Wehrmacht, pourtant supérieure en nombre et en équipement. Mais, le 17 septembre, Staline attaque à son tour le pays. La Pologne est prise en étau entre les forces nazies et communistes. Varsovie capitule le 28 septembre. L'Allemagne et l'URSS se partagent le pays selon une clause secrète du pacte germano-soviétique signé quelques semaines auparavant. À l'est comme à l'ouest, le peuple polonais est opprimé.

L'invasion de la Pologne est justifiée, côté allemand, par le concept de *Lebensraum*, « l'espace vital », une utopie nazie prônée par Hitler en vue d'exploiter l'Europe de l'Est. Les populations doivent être dominées sans pitié, les opposants politiques et les intellectuels éliminés.

Le camp de concentration d'Auschwitz est créé en avril 1940. Situé en Silésie, à cinquante kilomètres à l'ouest de Cracovie, le camp a pour objectif de terroriser la population, détruire les élites et fournir une main-d'œuvre esclave aux complexes industriels du Troisième Reich. Les premiers détenus sont déportés à Auschwitz en juin 1940. Les SS soumettent les prisonniers, qu'ils considèrent comme des *Untermenschen*, des « sous-hommes », à un traitement particulièrement cruel. À Auschwitz, le travail est érigé en un moyen de tuer : *Arbeit macht frei*, « Le travail rend libre ».

En décembre 1941, Adolf Hitler ordonne l'extermination des Juifs d'Europe. Auschwitz, jusqu'alors camp de travail, se dote de deux camps satellites, Birkenau et Monowitz. Le 20 janvier 1942, une réunion de hauts fonctionnaires présidée par Reinhard Heydrich, le numéro 2 de la SS, a lieu à Berlin, plus précisément à Wannsee, pour voir comment appliquer la décision prise par Hitler. Dès lors, la déportation et l'extermination massive des Juifs s'accélèrent. Jusqu'à douze mille personnes sont assassinées en un seul jour dans les chambres à gaz. À Auschwitz, symbole le plus terrifiant de la Shoah, périssent ainsi plus d'un million de personnes en moins de trois ans.

En septembre 1940, Witold Pilecki, résistant polonais de 39 ans, se fait volontairement déporter à Auschwitz afin d'y organiser la résistance et d'y mener une insurrection. Pendant deux ans et sept mois, l'homme est le témoin du déferlement de la haine et du sadisme cruel des nazis. Envoyé en enfer, il côtoie des témoins directs de la mise en œuvre de la « solution finale ». Au travers de ses rapports détaillés qu'il parvient à transmettre clandestinement aux Alliés, il est un des premiers à les avertir de la machine de mort d'Auschwitz.

« JE SUIS SUPPOSÉ DÉCRIRE SEULEMENT LES FAITS BRUTS. MES AMIS LE SOUHAITENT : “PLUS TU T’EN TIENDRAS AUX FAITS EN LES RELATANT SANS COMMENTAIRES, PLUS CELA AURA DE LA VALEUR.” JE POURRAIS ESSAYER. MAIS N’OUBLIONS PAS, NOUS N’ÉTIONS PAS FAITS DE BOIS, ET ENCORE MOINS DE PIERRE. ET MÊME, N’A T-IL PAS SEMBLÉ QUE LES PIERRES POUVAIENT SE BRISER DANS CET ENFER. »

Witold Pilecki

Septembre 1940, déporté volontaire à Auschwitz

En ce début de matinée du 19 septembre 1940, les premières lueurs de l'aube illuminent la ville de Varsovie. Au croisement de l'avenue de l'Armée et de la rue Felińskiego, les cris et le bruit des bottes des SS résonnent dans le quartier encore endormi. Les nazis, en pleine rafle, capturent tous les hommes, qu'ils soient dans la rue ou chez eux. Les Polonais sont forcés de se disposer en rangs de cinq et de suivre les militaires aux bottes de cuir et aux uniformes noirs. Soudain, au bout de la rue, surgit un homme seul. Le passant au physique athlétique et à la carrure élégante se dirige droit vers la colonne de prisonniers. Ancien officier de la cavalerie polonaise et résistant de la première heure, il s'apprête à mettre en action un plan impensable : se faire volontairement déporter à Auschwitz, afin d'y organiser un soulèvement.

Polonais arrêté dans le cadre d'une rafle à Bydgoszcz en septembre 1939.

Des hommes juifs transportés depuis le ghetto de Varsovie vers un lieu de travail forcé, 1941.

Ni une ni deux, les SS saisissent l'individu et le jettent dans le rang. Witold Pilecki et des centaines d'autres prisonniers marchent en silence jusqu'à une place, à quelques centaines de mètres de là, où les attendent plusieurs camions de l'armée allemande. Les hommes aux brassards à la croix gammée entassent les raflés à l'arrière des camions. Les véhicules démarrent et prennent la route en direction de la caserne de cavalerie de la ville. Aux côtés de 1 800 autres civils, Witold Pilecki passe deux jours dans le bâtiment militaire transformé en prison de fortune. Les Polonais sont battus et humiliés. Le moindre objet dissimulé, même une simple lame de rasoir, leur vaut l'exécution immédiate. L'esprit de Pilecki bouillonne. Frappé par la passivité de ses codétenus, il raconte : « C'est comme si chaque individu était inhibé par la masse. Nous étions comme un troupeau de moutons. »

Le 21 septembre, les raflés sont rassemblés, puis conduits sous escorte militaire à la gare de l'Ouest de la capitale polonaise. Ils sont ensuite entassés dans des wagons de marchandises. La chaux qui recouvre le sol des voitures irrite les narines et la bouche des prisonniers. Le convoi démarre et se dirige vers le sud. Vers 22 heures, le train s'arrête à Auschwitz. D'abord, le bourdonnement de voix étrangères, ensuite l'aboiement de chiens, enfin les portes des wagons qui s'ouvrent dans un vacarme assourdissant.

– *Heraus, Raus, Raus !* beuglent les gardes du camp.

Pilecki descend du wagon. Aveuglé par la lumière crue des projecteurs, il titube avant de s'engouffrer dans le flot des détenus. Autour de lui, les hommes sont frappés sur la tête, le dos et les épaules par les crosses des SS. Ceux qui quittent les rangs sont assaillis par des chiens enragés. Sur le chemin vers l'entrée du camp, les SS ordonnent à une dizaine de Polonais de courir. Ils sont aussitôt abattus pour « tentative d'évasion ».

Portail d'entrée du camp d'Auschwitz surplombé de sa sinistre devise *Arbeit macht frei* : « le travail rend libre ».

Les bourreaux saisissent les cadavres, attachent une sangle à leurs pieds et les traînent. Les nazis éclatent de rire. La colonne de malheureux passe sous un portail au-dessus duquel est inscrit *Arbeit macht frei* : « Le travail rend libre. » Soudain, une voix résonne dans l'obscurité. Fritz Seidler, un des officiers du camp, prononce un discours traduit en polonais par un prisonnier :

> « *Qu'aucun de vous ne pense qu'il sortira jamais d'ici vivant… La portion alimentaire est calculée de telle façon que vous ne vivrez que six semaines. Quiconque vivra plus longtemps… aura donc volé. Il sera alors mis dans la Strafkompanie, le commando spécial, où l'on vit très peu de temps !* »

Avec une centaine d'autres détenus, Pilecki est dirigé vers le *Baderaum*, la salle de bains. Un garde lui confie un sac numéroté dans lequel le Polonais rassemble tous ses effets personnels. Witold Pilecki est aspergé d'eau froide, puis entièrement rasé. Il revêt la tenue à rayures sur laquelle est cousu un triangle rouge, le marquage réservé aux prisonniers politiques. Lorsqu'il sort de la pièce, il n'a plus de nom, plus de prénom, comme s'il n'avait plus d'humanité. Il est devenu le matricule 4859.

TÉMOIGNAGE

—

Dans son rapport rédigé en 1945, Witold Pilecki confie :

« C'est le moment où j'ai eu l'impression de quitter la Terre, de rentrer dans un autre monde. Je ne dis pas ça pour faire littéraire. Au contraire, pour décrire ce monde, je n'aurai pas besoin d'employer des mots superflus, j'irai directement à l'essentiel. Non seulement les SS nous frappaient avec les crosses de leurs fusils, mais toutes nos idées, nos concepts sur la vie, la société sur Terre, par exemple le droit, tout cela s'effondrait aussi de façon brutale. Ils essayaient de nous atteindre de la façon la plus radicale, de nous briser mentalement. »

Witold Pilecki dans son uniforme
de prisonnier à Auschwitz.

Automne 1940, la vie en enfer

À 4 h 20, un gong sinistre réveille les prisonniers. Dans les baraquements en briques rouges qui se succèdent le long des allées grillagées, les détenus se lèvent de leurs paillasses posées à même le sol. Au *Laufschritt*, au pas de course, ils se ruent vers les latrines et les pompes à eau pour échapper au châtiment que les SS réservent à ceux qui seraient en retard. Avant le lever du soleil, tous les détenus sont alignés, parfois durant des heures, sur la place centrale. Si l'un d'entre eux manque à l'appel, le camp est aussitôt fouillé. Il arrive qu'un prisonnier reste endormi ou se cache dans son bâtiment. Lorsqu'il est retrouvé, il est exécuté sur-le-champ.

Pour faire régner l'ordre et la terreur, les SS mettent en place une hiérarchie parmi les prisonniers. Les nazis désignent des Kapos, des détenus privilégiés chargés de commander les autres déportés. Ces hommes, dispensés du travail le plus harassant, sont chargés de surveiller leurs codétenus et de les punir. La plupart d'entre eux sont d'une cruauté monstrueuse et redoublent de sadisme pour asseoir leur autorité. Mais d'autres Kapos se montrent plus cléments à l'égard des déportés et agissent parfois en véritables protecteurs.

Les cruels gardes SS du camp d'Auschwitz ne sont pas moins imaginatifs pour brutaliser les condamnés. Les Polonais sont battus en public sur un tabouret, enfermés dans les cellules au sous-sol du Block 11 : par exemple, le *Stehbunker*, un minuscule réduit dans lequel il est impossible de s'asseoir. La pièce obscure mesure quatre-vingt-dix centimètres de large et deux mètres de haut. Parfois, les SS y entassent quatre prisonniers. Dans le pire des cas, ils sont fusillés. Quotidiennement, les chefs de blocks tuent « pour l'exemple », ou par simple sadisme.

Le Block 11, surnommé « Block de la mort », fait office de prison et de lieu de torture dans le camp d'Auschwitz.

L'automne 1940 est particulièrement humide. Sous les pluies torrentielles qui s'abattent sur le camp, les prisonniers, trempés jusqu'aux os, tremblent de froid et de peur. Après l'appel du matin, les captifs se dirigent vers leurs postes de travail et forment les *Arbeitskommandos*, des commandos de travail. Ils piochent et creusent jusqu'à l'épuisement. Les anciens médecins ou infirmiers sont, quant à eux, employés au *Häftlingskrankenbau*, l'hôpital pour détenus, d'où les hommes sortent plus souvent morts que vivants. À Auschwitz, les forçats tombent les uns après les autres. Ils meurent d'épuisement, mais aussi de désespoir. La sinistre devise du camp prend tout sens : *Arbeit macht frei*, « Le travail rend libre ». Cette liberté n'a d'autre visage que la mort.

Début de la Résistance

La vision de ce spectacle horrifie et révolte les prisonniers du camp d'Auschwitz. Rassemblés par la rage et la haine qui bouillonnent en eux, les Polonais s'unissent. Pour ne pas sombrer, Witold Pilecki se concentre sur la mission qui l'a précipité dans cet enfer. Obsédé par son projet de réseau de résistance, il consacre toutes ses pensées et son énergie au combat contre les nazis. Parmi les milliers de prisonniers, il retrouve certains militaires avec lesquels il était entré en résistance dès 1939. Rapidement, plusieurs de ses anciens camarades prêtent serment auprès de lui : un médecin, un capitaine de cavalerie, ou encore un sous-lieutenant. En octobre, un détenu du camp, qui a réussi à corrompre des membres de la SS, est libéré. Witold Pilecki confie à l'homme son tout premier rapport. Le récit des conditions de détention inhumaines est transmis au quartier général de la Résistance à Varsovie, puis au gouvernement polonais en exil à Londres.

L'automne pluvieux laisse place au froid glaçant de l'hiver et les silhouettes cadavériques en uniforme rayé défilent sous les yeux satisfaits des gardes SS. Ces derniers ignorent cependant qu'un réseau de résistance a pris racine dans le camp. À sa tête, Witold Pilecki accélère le recrutement de détenus. Il répartit la Résistance en cellules de cinq membres, autonomes les unes des autres. Ainsi chaque membre ne connaît-il que les quatre autres de son groupe. Ce fonctionnement décentralisé et astucieux permet à l'organisation de ne pas s'effondrer comme un château de cartes, si l'un des membres vient à être démasqué. Ces groupes secrets ont trois objectifs : apporter un soutien moral et matériel aux prisonniers les plus démunis, collecter le plus d'informations pour que celles-ci soient transmises à l'extérieur et mettre en place un plan pour prendre le contrôle du camp quand les circonstances seront favorables à un soulèvement.

De gauche à droite : Le docteur Josef Mengele, horrible médecin du camp, Rudolf Höss, commandant d'Auschwitz et Josef Kramer, surnommé « la Bête de Belsen » par les déportés pour sa cruauté et son sadisme.

À Auschwitz, Witold Pilecki s'appelle Tomasz Serafiński, un nom emprunté à un soldat qu'il croit mort en 1939, lors de la bataille de Pologne. Cette couverture lui permet de protéger sa famille, car, dans le bureau politique du camp, les agents de la Gestapo travaillent sans relâche pour traquer les résistants et interner leurs proches. Infiltration de mouchards parmi les prisonniers ou encore torture des suspects, tous les moyens sont utilisés pour décourager l'entraide et créer la paranoïa dans l'enceinte du camp. Le matin du 7 mars 1941, Pilecki est convoqué par des SS suspicieux. Ils s'étonnent que le détenu, contrairement à tous les autres, n'envoie jamais de lettres à sa famille. Pilecki se justifie et ment : il est célibataire et seule sa mère est encore en vie, à l'étranger. Il explique, l'air déçu, qu'il rédige bien des lettres à une amie, mais qu'elles lui sont chaque fois retournées par la censure. Les SS ne le croient pas et demandent des preuves. La tension monte. Ils accompagnent le suspect jusqu'à son baraquement. Pilecki cherche, puis sort de ses affaires un tas de courriers estampillés *Zurück*, « Retour ». En réalité, ces lettres n'ont jamais été envoyées, et c'est Witold Pilecki lui-même qui a reproduit le cachet grâce à un crayon vert qu'il est parvenu à se procurer. Les Allemands sont incrédules, mais Pilecki est disculpé.

Witold Pilecki avec son épouse Maria et leur fils Andrzej en 1933.

Non seulement Pilecki ment sur son identité, mais aussi sur sa famille, qui est bel et bien vivante. L'homme coupe tous les ponts et fait passer un message par voie clandestine à ses proches : il va bien et il ne faut entreprendre aucune démarche pour le faire libérer. Le devoir avant tout. Un beau matin de juillet, alors qu'il passe à proximité d'un groupe de lycéens déportés pour avoir entonné un chant patriotique, le cœur de Witold Pilecki bondit. Une voix familière s'exclame :

– Oh ! Mon oncle !

Cette rencontre inattendue met du baume au cœur du prisonnier qui, pour la première fois depuis bien longtemps, prend des nouvelles de sa famille. Il se rend également compte que les matricules des déportés dépassent désormais le chiffre de 20 000. Pourtant, la population du camp ne semble pas avoir augmenté drastiquement. Si cinq à six mille personnes vivent encore, quinze mille sont mortes et leurs cadavres ont déjà été consumés par les crématoires.

Été 1941, premier gazage

À partir de l'été 1941, Auschwitz s'agrandit. Les prisonniers réduits en esclavage construisent Birkenau, une immense annexe du camp prévue, au départ, pour y détenir deux cent mille prisonniers de guerre soviétiques.

Auschwitz-Birkenau est construit en 1941. Plus d'un million de personnes, des Juifs et des Tziganes, y seront assassinées.

Au début du mois de septembre, un détenu interpelle Witold Pilecki, effaré par la scène horrible à laquelle il vient d'assister. Un convoi de soldats soviétiques est arrivé à Auschwitz et a immédiatement été enfermé dans le Block 11. Les Allemands, munis de masques à gaz, ont entassé plus de sept cents militaires dans la pièce. Ils ont ensuite jeté des cartouches de gaz à l'intérieur. Le lendemain matin, des prisonniers polonais ont été réquisitionnés pour « nettoyer » le Block. Une vision d'horreur leur est apparue. Les Soviétiques étaient si entassés que leurs cadavres tenaient toujours debout, si enlacés qu'il était difficile de les séparer. C'est la première fois que les Allemands tuent avec le gaz Zyklon B, un puissant pesticide. Cette scène de gazage de masse n'est qu'un sombre présage de l'avenir funeste du camp.

1942, l'extermination

L'année 1942 débute. L'année la plus monstrueuse du camp d'Auschwitz depuis l'arrivée de Pilecki. Au printemps, la machine de mort d'Auschwitz-Birkenau se met en route. Des membres du réseau de résistance relatent à Pilecki dans le détail le processus d'extermination mis en place par les SS. Quotidiennement, les Juifs sont « débarqués » des trains sur les quais. Dans un calme relatif, ils sont regroupés, dépossédés de leurs bagages, puis « triés ».

Hommes et garçons d'un côté, femmes et filles de l'autre. Les plus aptes au travail sont immatriculés et envoyés dans le camp de travail, tandis que la grande majorité est envoyée aux « douches ». Les SS ordonnent aux déportés de se déshabiller et d'entrer dans la chambre à gaz. Une fois les Juifs engouffrés et entassés dans la pièce décorée de pommeaux de douche factices, un SS referme la porte hermétiquement. Par des ouvertures dans le toit, d'autres SS, équipés de masques à gaz et de gants en caoutchouc, vident des cylindres remplis de cristaux. Au contact de l'air, les cristaux se transforment en gaz mortel, le Zyklon B. Après dix minutes, les SS ouvrent les portes et aèrent la pièce tandis que les membres du *Sonderkommando*, le commando « spécial » de prisonniers juifs, chargent les corps encore tièdes dans des brouettes et des charrettes. Les dépouilles sont ensuite brûlées dans les crématoires.

Le processus d'extermination se déroule à l'abri des regards des autres prisonniers, qui ne manquent cependant pas de noter que, malgré les nombreux trains qui arrivent, les nouvelles immatriculations sont rares. Les effets personnels des Juifs affluent et leurs biens se retrouvent dans les grands entrepôts d'Auschwitz. Pilecki voit passer des Kapos et des SS vêtus de chemises de soie, de chaussures de luxe ou encore de pantalons de bonne tenue. Des biens dérobés à des centaines de milliers de Juifs qui convergent vers le nouveau centre de mise à mort. Révolté, le déporté volontaire peine à contenir la colère qui bouillonne en lui. Quand les SS brutalisent femmes et enfants, il ne parvient pas à retenir ses cris d'indignation. Et lorsqu'il passe devant un enfant qui « attend » devant la chambre à gaz, impuissant, Witold Pilecki s'effondre moralement. Hanté par ce souvenir, il raconte : « Quoi qu'il en soit, les yeux de ce petit garçon qui nous regardait, cherchant désespérément une connaissance, m'ont poursuivi toute la nuit. » Mais jamais Pilecki n'abdique. Il reste digne, même si le moindre geste de rébellion peut signer son arrêt de mort. Lorsqu'il est frappé par un garde SS, il se relève avec un sourire narquois et ne doit son salut qu'à la sirène d'alarme qui se déclenche à ce moment-là.

TÉMOIGNAGE

—

Au fond de l'abîme, Witold Pilecki essaie de comprendre comment la culture, la civilisation ont pu enfanter l'horreur des camps. Il raconte :

« Mes amis nous voilà impliqués dans quelque chose d'horrible ! Il n'y a pas de mots pour exprimer cette chose. Je voulais utiliser le mot bestialité… mais non ! C'est bien pire que ça, l'homme est pire que les bêtes ! Cela surpasse tout l'enfer. […] Que peut dire l'humanité aujourd'hui, cette humanité qui veut croire dans le progrès de la culture et mettre le XXe siècle au-dessus de tous les autres ? Pouvons-nous réellement, nous, hommes du XXe siècle, nous présenter devant ceux qui ont vécu avant nous et, absurdement, prouver notre supériorité, quand une masse armée détruit non pas un ennemi armé, mais des nations entières, des populations sans défense, en utilisant les derniers accomplissements de la technologie ? Des progrès technologiques, oui. Mais un progrès de la culture ? Ne me faites pas rire. »

Portrait de Witold Pilecki
dans les années 1920.

1943, l'insurrection qui n'arrivera jamais

D'une détermination sans faille, Witold Pilecki ne fléchit pas et poursuit inlassablement sa mission de résistance. Son organisation secrète s'étend comme une toile d'araignée et compte désormais plusieurs centaines d'hommes. La Résistance s'articule autour de deux piliers vitaux pour ses membres : l'hôpital et le centre de répartition du travail. Lorsqu'un résistant est trop faible, les camarades du réseau s'arrangent pour qu'il soit placé dans un autre commando au travail moins éprouvant. Hôpital, ateliers, station radio, tous les rouages du camp de concentration sont infiltrés par les hommes de Pilecki. Les opposants parviennent à construire un poste radio à partir de pièces détachées et émettent des rapports à travers des transmissions clandestines. Nombre d'arrivants au camp, nombre de morts, conditions de détention, autant de renseignements précieux qui sont réceptionnés par la Résistance polonaise, qui les transmet aux Alliés.

Au plus fort de la lutte, le mouvement de Witold Pilecki compte plus de huit cents hommes à l'intérieur du camp. Fuite d'informations, évasions ou encore contamination des SS par des poux infectés par le typhus, les soldats de l'ombre de Pilecki deviennent une véritable source de nuisance. Pilecki confie : « Nous étions capables de prendre le contrôle du camp pratiquement tous les jours. Nous n'attendions que l'ordre de le faire. »

Néanmoins, sans aide logistique ou militaire des Alliés ou de résistants à l'extérieur du camp, les chances de réussite d'une telle entreprise s'évanouissent. En témoigne la tentative de révolte qui a lieu en juin 1942. Réprimée dans le sang, elle se solde par la mort de 300 insurgés et l'évasion de seulement neuf hommes. Au début de l'année suivante, les Allemands soupçonnent quelque chose. Ils prennent la décision de répartir de nombreux Polonais dans d'autres camps et portent un coup décisif au réseau de résistance. L'infiltré se rend à l'évidence : Auschwitz est une autre planète, bien éloignée des préoccupations de la guerre, et personne ne viendra en aide aux malheureux qui y périssent par milliers.

Loin de sombrer dans le désespoir, Witold Pilecki change ses plans. Si la libération du camp ne peut se faire par l'intérieur, alors elle doit venir de l'extérieur. Il doit céder les rênes de son organisation et s'évader pour convaincre ses supérieurs de libérer Auschwitz. L'homme en est sûr : s'il a réussi à pénétrer volontairement en enfer, il parviendra à en sortir.

Porte de la chambre à gaz du camp de concentration d'Auschwitz I.

Le 13 avril 1943, Witold Pilecki retrouve un de ses hommes les plus proches dans le Block 17. À l'abri des regards indiscrets, il se penche vers lui et, le cœur lourd, lui annonce :

– Je suis à Auschwitz depuis deux ans et sept mois. J'ai rempli ma mission ici : créer un réseau d'entraide, d'information et d'action. [...] Je pense que rester ici, pour moi, a perdu de son sens. Par conséquent, je vais partir.

Incrédule, le capitaine lui demande :

– Bien, je comprends, mais peut-on vraiment partir d'Auschwitz comme on le souhaite ?

– Oui ! rétorque Pilecki sans sourciller.

NOTE HISTORIQUE

De l'ouverture du camp à sa libération, 802 tentatives d'évasion ont eu lieu à Auschwitz. Seules 144 d'entre elles ont abouti, dont seulement cinq pour des Juifs. Le 20 juin 1942, quatre détenus au courage exceptionnel parviennent à se déguiser en haut gradés SS, à dérober la voiture d'un des commandants du camp et à sortir par la grande porte. Dans leurs affaires, les fugitifs emportent un nouveau rapport de Witold Pilecki. Il s'agit du septième manuscrit que le Polonais parvient à faire sortir du camp de la mort. Ces écrits minutieux parviennent à l'Armée secrète polonaise, qui transmet les informations aux Renseignements britanniques. Dès 1941, les Alliés ont connaissance du fonctionnement funeste d'Auschwitz.

Atelier de serrurier du camp d'Auschwitz, 1942-1943.

1943, l'évasion

En avril 1943, Witold Pilecki fait la connaissance de Jan Redzej, un détenu surnommé Jasiek. Contre toute attente, malgré plusieurs années passées à Auschwitz, le Polonais, grand et robuste, pèse encore 96 kilos. Affecté à la boulangerie, Jasiek a un plan pour s'évader du camp. La situation stratégique du bâtiment, à deux kilomètres du camp et au-delà des immenses clôtures électriques, offre, selon lui, les meilleures chances d'évasion.

À l'aide de mie de pain, Jasiek prend les empreintes des serrures de la porte arrière de la boulangerie. Il envoie ces morceaux à des complices à l'atelier de serrurerie, qui lui fournissent les clés correspondantes.

Au matin du 24 avril, alors que le soleil brille encore timidement, Witold Pilecki se plaint de maux de tête et de douleurs aux articulations. Un garde identifie les symptômes du typhus. Sur-le-champ, il envoie le détenu à l'hôpital. Avec la complicité d'Edek, un membre du réseau de résistance, Pilecki est assigné dès sa sortie de l'hôpital à la boulangerie.

Le 26 avril, Pilecki met en œuvre son plan audacieux. Aux côtés d'Edek, il rejoint le Block 15. Visiblement éméché, le chef de block accueille les deux détenus :

– Pourquoi venez-vous à mon block ?

– Nous sommes des boulangers, mentent les deux Polonais.

L'Allemand feuillette des fiches, puis toise les deux prisonniers :

– Parfait ! Allez dans votre nouvelle chambrée !

À 18 h 20, un appel résonne au niveau du portail d'entrée :

– *Bäckerei* !

L'équipe de nuit est appelée à prendre son poste. Jasiek, Edek et Pilecki se dirigent, sous escorte SS, vers la boulangerie d'Auschwitz. Sous leurs vêtements, les trois hommes ont caché le double des clés, ainsi que des habits civils. Dans la boulangerie, ils se mettent au travail. Les fournées de pain s'enchaînent dans la chaleur étouffante du bâtiment. Eau, charbon, farine, Pilecki transporte matériaux et ingrédients dans un constant va-et-vient sous l'œil aiguisé des SS. Les nerfs à vif, les trois Polonais attendent le moment propice, qui tarde à venir. Soudain, au cœur de la nuit, un SS s'endort et le second s'éloigne de la salle. Les détenus n'ont que quelques minutes pour passer à l'action. À l'aide du double de clés, Jasiek déboulonne la porte pendant qu'Edek se saisit d'un couteau et tranche les câbles du téléphone. Les trois hommes se précipitent sur la double porte en métal qu'ils poussent de toutes leurs forces. Au terme d'interminables secondes, enfin, la porte s'ouvre, sans un bruit. Dehors, la liberté. Une légère brise fraîche caresse le visage des fugitifs. Sous un grand ciel étoilé, les trois hommes détalent à toute vitesse et sont avalés par l'obscurité. Quelques instants plus tard, des coups de feu retentissent. Les deux gardes, qui ont remarqué la disparition des trois détenus, tirent dans leur direction.

Prise de vue aérienne du camp de concentration d'Auschwitz par l'US Air Force en 1944.

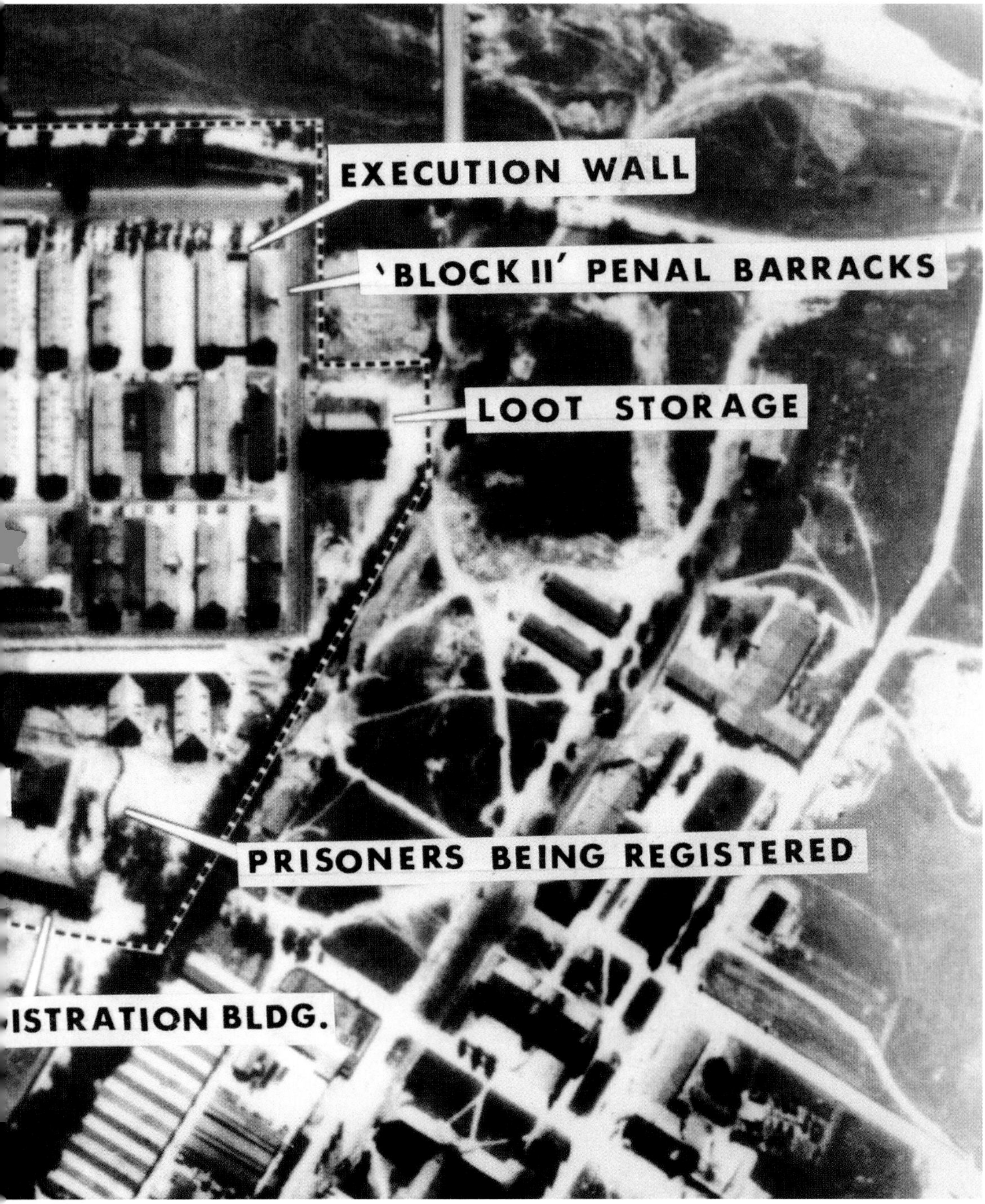
EXECUTION WALL
'BLOCK II' PENAL BARRACKS
LOOT STORAGE
PRISONERS BEING REGISTERED
ISTRATION BLDG.

Pilecki, Jasiek et Edek traversent en courant champs et rivières. Pour ne pas être retrouvés par les chiens, ils répandent du tabac sur leur chemin. Ils jettent leurs uniformes rayés dans les broussailles et revêtent leurs vêtements civils. Alors que l'aube se lève, les prisonniers courent toujours. La course effrénée se mue en marche forcée. Épuisés, les fugitifs rejoignent enfin la forêt, où ils peuvent se cacher et se reposer. Le réveil est difficile. Pilecki et ses camarades arrivent à proximité d'un petit village polonais. Jasiek pénètre dans l'église pour demander de l'aide au prêtre. Le religieux l'éconduit. Comment un homme bien portant et tout sourire peut-il être un rescapé de l'enfer concentrationnaire ? Jasiek étaie son récit. Le prêtre finit par le croire et rencontre les deux autres fugitifs. Lorsqu'il serre la main de Witold Pilecki, l'homme d'Église tremble, tenaillé par l'émotion. Ragaillardis par le soutien du religieux, les trois hommes reprennent leur marche pour la liberté. Au bout de plusieurs jours, ils parviennent à rejoindre la maison du chef local de la Résistance. Et quelle n'est pas la surprise de Pilecki, quand il découvre que cet homme n'est autre que Tomasz Serafiński, celui dont il avait usurpé l'identité en 1940 ?

Après s'être fait volontairement interner dans le camp d'Auschwitz, après avoir vécu en enfer et vu l'horreur durant presque trois ans, Witold Pilecki retrouve enfin la liberté.

Jasiek, Pilecki et Edek devant
la maison de Tomasz Serafiński
après leur fuite d'Auschwitz, 1943.

Witold Pilecki lors de son procès en 1948.

Épilogue

De retour à Varsovie à l'automne 1943, Witold Pilecki poursuit sa résistance dans la clandestinité. Il rédige un rapport fouillé sur ses conditions de détention à Auschwitz et le processus d'extermination de masse savamment orchestré dans le camp de la mort. Il s'agit du premier rapport complet relatant avec précision le génocide juif, rapport qui est transmis aux Alliés. Ce texte prouve d'une manière indubitable l'existence des chambres à gaz, la sélection des déportés à leur arrivée et les atrocités commises par les nazis. L'été 1944, l'ancien détenu d'Auschwitz prend les armes lors de l'insurrection de Varsovie. La tentative de soulèvement des Polonais est réprimée dans le sang par l'occupant nazi.

Le 27 janvier 1945, les troupes soviétiques découvrent avec effroi le centre de mise à mort d'Auschwitz et libèrent 7 000 détenus survivants. Dans le camp, où l'extermination a été pratiquée de façon industrielle, plus d'un million de personnes ont été assassinées. En octobre 1945, cinq mois après que la Seconde Guerre mondiale a pris fin en Europe, Pilecki peaufine un second rapport en Italie.

De retour en Pologne, l'ancien déporté ne reconnaît plus son ancienne patrie. Depuis la fin de la guerre, le pays, tombé sous le joug soviétique, est devenu un nouvel État satellite de l'URSS. Witold Pilecki entre de nouveau en résistance et combat un nouvel ennemi : le communisme. Pour le compte du gouvernement polonais toujours en exil, il espionne les Soviétiques pendant deux ans et demi.

Le 8 mai 1947, Witold Pilecki est arrêté par des agents du ministère polonais de la Sécurité publique. Un an plus tard, le 3 mars 1948, le résistant est jugé dans un simulacre de procès. Il est accusé de franchissement illégal de la frontière, d'utilisation de faux documents, de port d'armes illégal et d'espionnage pour l'impérialisme étranger. Witold Pilecki, résistant de la première heure, interné volontaire et survivant d'Auschwitz, est jugé coupable et condamné à mort. Le 25 mai 1948, dans la cour de la prison de Mokotów, il est exécuté d'une balle dans la nuque par des agents communistes.

Toute trace de la lutte et des exploits de Witold Pilecki est effacée de l'Histoire. En 1989, la Pologne est libérée du joug communiste. Le nouveau gouvernement invalide les décisions de justice prises à son encontre et à celle des anciens résistants polonais. La mémoire de Witold Pilecki est réhabilitée. Son incroyable histoire sort de l'oubli. De l'ombre, le résistant polonais repasse à la lumière. Witold Pilecki incarne la dignité humaine : il a lutté contre la barbarie en faisant preuve d'un courage, d'une abnégation, d'une modestie hors normes. C'est dans le lieu où l'on s'y attend le moins, et grâce à une personnalité exceptionnelle, qu'est né un véritable héros humaniste.

ENTRÉE D'AUSCHWITZ-BIRKENAU.

MOT DE LA FIN

Depuis notre rencontre en 2011, notre passion pour l'Histoire a été le fil conducteur de notre amitié.

La genèse de cet ouvrage ? Au départ, de simples récits échangés ici et là, au cours de nos promenades, autour d'un verre ou à la lueur d'un feu de camp et mettant en scène des hommes ordinaires qui, dans des moments cruciaux, ont influé sur le cours de l'Histoire. Inspirés par leurs témoignages et animés d'un profond désir de faire partager le destin méconnu et inspirant de ces héros de l'ombre, nous avons voulu leur rendre hommage au travers de ce livre. Ceci, afin que le souvenir de leur courage, de leur bonté et de leur humanité – le plus souvent au cœur de l'enfer – perdure, le plus longtemps possible.

Si ces *Histoires de Guerre* vous ont émus, passionnés ou ont simplement piqué votre curiosité, vous pouvez également les retrouver sous forme de documentaires sur notre chaîne YouTube, « Mamytwink ».

Julien, François et Florian

Q.1405

REMERCIEMENTS

L'écriture d'un livre est une aventure dont le voyage, semé d'embûches n'aurait pas été possible sans le soutien indéfectible de nombreuses personnes. Nous tenons à remercier chaleureusement :

Patrick Godfard, historien, dont le savoir, la finesse et la justesse nous ont guidés tout au long de l'écriture, et dont la rencontre a été une véritable source d'inspiration ;
Anne-Christine Martin, dont les conseils, précieux et inspirés, ont une nouvelle fois fait briller notre récit ;
Mathias Corrard, dont l'œil aiguisé nous a permis de déceler les moindres imperfections ;
Guillaume Talavera et Émilien Castaing, de la maison d'édition Michel Lafon, pour leur confiance et leur enthousiasme.

Mais aussi Delphine Coutin, Anaëlle Adam, Victoria Fleurentin, Laurent Rumayor, Elsa Lafon ainsi que les cafés Fox et Comédie de Metz, pour avoir rendu cet ouvrage possible.

RÉDACTION ET COORDINATION ÉDITORIALE
Florian Henn et Julien Aubrée

ICONOGRAPHIE
François Calvier

DIRECTION ÉDITORIALE
Guillaume Talavera

CONCEPTION ARTISTIQUE ET MISE EN PAGE
Émilien Castaing

FABRICATION
Christian Toanen et Nikola Savic

BIBLIOGRAPHIE

Chapitre I : L'agent double qui a changé le cours de la Seconde Guerre mondiale

Juan Pujol Garcia (avec Nigel West), *Operation Garbo: The Personal Story of the Most Successful Spy of World War II*, Londres, Weidenfeld and Nicolson, 1985.

Documents du MI5 consultables sur Internet à l'adresse suivante : http://discovery.nationalarchives.gov.uk/results/r?_q=juan%20pujol&_hb=tna&_col=200

Chapitre II : Le soldat qui s'est rendu vingt-neuf ans après la fin de la Seconde Guerre mondiale

Hiroo Onoda, *No Surrender – My Thirty-Year War*, Tokyo, Kodansha International Limited, 1974. Traduction en français : *Au nom du Japon*, Paris, La Manufacture de livres, 2020.

Chapitre III : L'incroyable histoire des trêves de Noël dans les tranchées

Marc Ferro, Malcolm Brown, Rémy Cazals, Olaf Mueller, *Frères de tranchées*, Paris, Tempus Perrin, 2006.

Jean-Pierre Guéno, *Paroles de poilus : Lettres et Carnets du front (1914-1918)*, Paris, Flammarion, Librio, 2013.

Michael Jürgs, *Der kleine Frieden im Grossen Krieg – Westfront 1914 : Als Deutsche, Franzosen und Briten gemeinsam Weihnachten feierten*, Munich, C. Bertelsmann Verlag, 2003.

Louis Barthas, *Les Carnets de guerre de Louis Barthas, tonnelier, 1914-1918*, Paris, La Découverte (première édition par Maspero en 1978), 1997. Récit présenté par Rémy Cazals.

Témoignage de François Guilhem consultable à l'adresse suivante : http://www.crid1418.org/temoins/2013/04/24/guilhem-francois-1886-1945/

Témoignage de Henry Williamson, dont la lettre figure en fac-similé sur le site suivant : https://www.henrywilliamson.co.uk/first-world-war/57-uncategorised/158-henry-williamson-and-the-christmas-truce

Chapitre IV : Le pilote allemand qui a sauvé un bombardier américain au péril de sa vie

Adam Makos, Larry Alexander, *A Higher Call: An Incredible True Story of Combat and Chivalry in the War-Torn Skies of World War II*, New York, Berkley Caliber, 2013.

Chapitre V : L'homme qui a sauvé le monde de la destruction nucléaire

PBS, *The Man Who Saved the World*, Série « Secrets of the Dead », octobre 2012.

Svetlana V. Savranskaya, « New Sources on the Role of Soviet Submarines in the Cuban Missile Crisis », *Journal of Strategic Studies*, n°28 (2), 2005, p. 233-259.

Chapitre VI : L'ancien nazi piégé par un journaliste en pleine interview

Ladislas de Hoyos, *Barbie*, Paris, Robert Laffont, 1984.

Beate Klarsfeld, Serge Klarsfeld, *Mémoires*, Paris, Le Livre de Poche, 2016.

Tom Bower, *Klaus Barbie : Itinéraire d'un bourreau ordinaire*, Paris, Calmann-Lévy, 1984.

Jean-Paul Picaper, *Ces nazis qui ont échappé à la corde*, Paris, L'Archipel, 2017.
Altmann ou Barbie (Ina), Deuxième chaîne de l'ORTF, 18 février 1972 : https://www.ina.fr/video/CAF93019467/altman-ou-barbie-video.html

Un jour, une histoire : Klaus Barbie, sur les traces d'un criminel nazi, France 2, 2012.

Document déclassifié de la CIA au sujet de Barbie (*Those Who Helped Klaus Barbie*). Écrit le 21 octobre 1984, déclassifié le 21 décembre 2011 : https://www.cia.gov/library/readingroom/docs/CIA-RDP90-00965R000100130030-7.pdf

Rapport de 241 pages du département de la Justice américain au sujet de la relation Klaus Barbie - États-Unis (1983) : https://www.justice.gov/sites/default/files/criminal-hrsp/legacy/2011/02/04/08-02-83barbie-rpt.pdf

Chapitre VII : L'homme interné de son plein gré dans le camp de la mort d'Auschwitz

Witold Pilecki, *Le Rapport Pilecki – Déporté volontaire à Auschwitz (1940-1943)*, Champ Vallon, 2014 (traduction de Patrick Godfard et Urszula Hyzy, postface d'Annette Wieviorka).

Les Derniers Secrets des nazis (Histoire interdite, 2015), documentaire réalisé par Juliette Desbois, Noémie Mayaudon, Marine Suzzoni.

Rendez-vous avec X, France Inter, 2012
https://www.franceinter.fr/emissions/rendez-vous-avec-x/rendez-vous-avec-x-25-aout-2012

CRÉDITS

p. 4 : The LIFE Picture Collection / Getty
p. 8 : Picture Post / Getty
p. 9 : DR
p. 10 : Pen&Sword / Getty
p. 11 : Harry Kerr / Getty
p. 12-13 : colorization, Marina Amaral
p. 14 : Bridgeman Images
p. 15 : DR
p. 16 : DR
p. 18 : DR
p. 20 : Bert Hardy / Getty Images
p. 21 : DR
p. 23 : DR
p. 24 : DR
p. 25 : DR
p. 26 : DR
p. 28 : DR
p. 30 : DR
p. 32 : DR
p. 35 : WikiImages de Pixabay
p. 36 : DR
p. 37 : The Life picture collection/ Getty
p. 38 : DR
p. 40 : Galerie Bilderwelt
p. 42 : DR
p. 46 : Taro Hama/ Getty
p. 48 : DR
p. 49 : DR
p. 50 : DR
p. 52 : DR
p. 54 : DR
p. 59 : The Asahi Shimbun/Getty
p. 60 : JIJI PRESS/ Getty
p. 63 : The Asahi Shimbun/Getty
p. 64 : The Asahi Shimbun/Getty
p. 66 : Universal History Archive/ Bridgeman
p. 70 : Hulton Archive/ Getty
p. 72 : Bridgeman/ Private Collection The Stapleton
p. 73 : DR
p. 75 : Alamy / Hi-Story
p. 76 : Alamy / The Protected Art Archive
p. 79 : Hulton Archive/Getty
p. 80 : DR
p. 81 : DR
p. 83 : Alamy / B4PR66
p. 84 : IWM/ Getty
p. 85 : Bridgeman/ Universal History Archive
p. 86 : Hulton Archive / Getty
p. 87 : DR
p. 88 : Getty / Apic
p. 90 : DR
p. 92 : DR
p. 96 : PhotoQuest/ Getty
p. 98 : Everett Collection / Bridgeman
p. 99 : Getty / Keith Hamshere
p. 100 : DR
p. 102 : DR
p. 103 : Getty/ ullstein bild Dtl.
p. 104 : DR
p. 105 : PJF Military Collection/ Alamy

p. 106 : Archive Photos/Getty
p. 108 : DR
p. 110 : DR
p. 113 : DR
p. 114 : DR
p. 116 : DR
p. 117 : DR
p. 122 : DR
p. 123 : DR
p. 125 : DR
p. 126 : DR
p. 128 : DR
p. 129 : Bettmann/ Getty
p. 131 : Cecil Stoughton/ Getty
p. 132 : Carl Mydans/Getty
p. 134 / ullstein bild/Getty
p. 136 : DR
p. 137 : PJF Military Collection ; Alamy Stock Photo
p. 138 : DR
p. 141 : DR
p. 142 : DR
p. 144-145 : Alan Oxley / Getty Images
p. 146 ; Alain Nogues / Getty Images
p. 151 : Pictorial Press Ltd / Alamy Stock Photo
p. 152 : DR
p. 154 : DR
p. 157 : DR
p. 158 : Keystone Press ; Alamy Stock Photo
p. 160-161 : Nicole Bonnet / Getty Images
p. 162 : Everett Collection / Bridgeman Images
p. 164 : Keystone France / Getty Images
p. 165 : Bridgeman Images
p. 169 : DR
p. 170 : DR
p. 171 : Nicole Bonnet / Getty Images
p. 172 : DR
p. 176 : Alamy
p. 179 : Nicole Bonnet / Getty Images
p. 180 : DR
p. 181 : DR
p. 182-183 : DR
p. 184 : DR
p. 185 : Pool Proces Klaus Barbie / Getty Images
p. 188 : AFP ; Getty Images
p. 190 : DR
p. 194-195 : Galerie Bilderwelt / Getty Images
p. 196 : DR
p. 197 : Galerie Bilderwelt / Getty Images
p. 199 : Keystone / Getty Images
p. 201 : DR
p. 203 : DR
p. 205 : Galerie Bilderwelt / Getty Images
p. 206 : Bridgeman Images
p. 208 : DR
p. 209 : SeM / Getty Images
p. 211 : DR
p. 212 : SZ Photo / Scherl/Bridgeman Images
p. 214 : DR
p. 217 : David Clapp / Getty Images
p. 219 : Galerie Bilderwelr ; Getty Images
p. 220 : Three Lions / Getty Images
p. 222-223 : Bettmann / Getty Images
p. 225 : DR
p. 226 : DR
p. 228-229 : DR
p. 231 : Commons Wikimedia

Imprimé en France
par Corlet Imprimeur
14110 Condé-en-Normandie
Dépôt légal : septembre 2020
N° d'impression : 20090568
ISBN : 978-2-7499-4308-4
LAF : 2916M